tredition®
www.tredition.de

AF395021

Bernhard F.

Ein Freitag!

Eigentlich mein Lieblingstag

© 2018 Bernhard F.

Verlag und Druck: tredition GmbH, Halenreie 40-44, 22359 Hamburg

ISBN
Paperback: 978-3-7469-1349-0
Hardcover: 978-3-7469-1350-6
e-Book: 978-3-7469-1351-3

Bernhard F.

Ein Freitag!

Eigentlich mein Lieblingstag

Verlag und Druck: tredition GmbH, Halenreie 40-44, 22359 Hamburg

ISBN
Paperback: 978-3-7469-1349-0
Hardcover: 978-3-7469-1350-6
e-Book: 978-3-7469-1351-3

Ein Freitag!   Vorwort:

Ich habe mich erst spät im Alter von 48 Jahren entschieden, so etwas wie ein Tagebuch zu schreiben. Das beginnt mit meinem 36. Lebensjahr. Alle Jahre vorab habe ich in einer Vorgeschichte zusammengefasst. Daher gibt es die beiden Kapitel Vorgeschichte und Tagebuch. Viel Spaß beim Lesen!

Vorgeschichte

Ich hatte das große Glück als letztes von drei Kindern in der schönen Stadt München gesund zur Welt zu kommen. Sehr zur Überraschung meiner Mutter. Zwar hatte die Hebamme im Verlauf der gesamten Schwangerschaft keine Komplikationen feststellen können. Ausgerechnet unmittelbar vor der Geburt hat Sie jedoch eine fatale Fehldiagnose gestellt: Sie konnte bei einer Routineuntersuchung keine Herztöne bei mir vernehmen. Es wurde daraufhin sofort ein Krankenwagen gerufen. Um auch das Leben meiner Mutter nicht zu gefährden, musste sofort eine Notfall-Operation durchgeführt und ich sollte per Kaiserschnitt „entfernt" werden. Um keine Zeit zu verlieren wurde bereits beim Eintreffen in das Krankenhaus die Narkose bei meiner Mutter eingeleitet. Erst danach haben die Ärzte meine Herztöne wieder gehört –konnten aber meine Mutter darüber nicht mehr informieren und haben mich schließlich – gesund! -per Kaiserschnitt zur Welt gebracht.

Entsprechend groß war die Freude bei meiner Mutter, als Sie das nach dem Erwachen aus der Narkose erfahren hat. Von diesem holprigen Start in mein Leben habe ich erst erfahren, als ich gefühlt 20 Jahre alt war.

In meinen ersten Lebensjahren hatte ich genau das Erleben dürfen, was man gemeinhin eine glückliche Kindheit nennt. Ich bin in einem Hochhaus in einer Großwohnanlage im Münchner Westen aufgewachsen, was entgegen aller Vorurteile das Beste ist was einem als Kind passieren kann. Wohnraum war in den 60er Jahren (wie heute auch noch) in München außerordentlich knapp. Um insbesondere Familien mit Kindern eine Wohnmöglichkeit zu geben sind in einer Art „Familienförderprogramm" alle 104 Wohnungen unserer Anlage ausschließlich an Familien mit Kindern vergeben worden, nach folgendem Prinzip: 2-Zimmer Wohnungen an Familien mit einem Kind, 2-1/2 Zimmer Wohnungen an Familien mit zwei Kindern sowie (unsere) 3-1/2 Zimmer Wohnungen an Familien mit drei Kindern. Damit lebten bis zu 150

Kinder in unserer Anlage, rd. 50 davon waren in etwa in meinem Alter. Fast jeder Vierte aus unserer Klasse wohnte bei uns im Haus. Zum Spielen musste ich lediglich zehn Meter in den Sandkasten gehen, auf der anderen Straßenseite gab es einen Fußballplatz und bei schlechtem Wetter wechselten wir einfach ins Treppenhaus, den Keller oder in die Tiefgarage. Hier konnte man wunderbar sich verstecken, Rad- bzw. Rollschuhfahren oder sonstigen Unsinn anstellen.

Ich bin bis heute nicht außerordentlich begabt – sprich talentfrei, habe jedoch schon als Kind rasch gelernt mich gut anzupassen und Dank meines Wohnumfeldes war ich auch schon sehr früh mit Kraftausdrücken und sehr sinnfreien Mutproben vertraut. Was habe ich erlebt, worüber es sich lohnt zu schreiben? Vielleicht diese Geschichte:

Im zarten Alter von ca. 11 Jahren fanden wir das Leben tagsüber zwar sehr spannend. Richtig aufregend und geheimnisvoll erschien uns jedoch das „Nachtleben". Zumindest das, was man sich als Elfjähriger darunter vorstellen kann. Um das herauszufinden, hatten wir folgenden Plan: Wir warteten an einem Wochentag alle wie vereinbart bis 24:00 in unseren Betten. Bis dahin waren unsere Eltern eingeschlafen. Wir schlichen uns dann leise aus unseren Wohnungen um uns in einem „Versteck" zu treffen. Anschließend robbten wir durch die Gegend stets in der Sorge, von Erwachsenen entdeckt zu werden, die uns dann entweder heim ins Bett schicken – was in Ordnung ging - oder im schlimmsten Fall die Polizei verständigen würden. Spätestens um 3:00 lagen wir dann wieder todmüde im Bett. Interessanterweise ging dieses Experiment mehrere Wochen lang gut. Und auch in der Schule ist keiner von uns eingeschlafen. Nur eines Abends – bzw. Mitten in der Nacht - konnten wir schon von weitem sehen, dass in einer einzigen Wohnung noch Licht brennt: Und das war ausgerechnet die meiner Eltern. Mir blieb fast das Herz stehen vor Schreck.

Mein nächtliches Fortbleiben ist anscheinend aufgeflogen. Für einen kurzen Augenblick habe ich überlegt ob es überhaupt schlau ist ausgerechnet *jetzt* nach Hause zu kommen. So etwas wie ein Plan B existiert in unserem Wortschatz noch nicht. Da schlau aber keine große Stärke von mir war beschloss ich besser schnellstens nach Hause zu gehen und mich irgendwie in mein Zimmer zu schleichen. Das war aber praktisch nicht möglich, da ich dazu erst den Flur an der Eingangstüre, dann das Durchgangs-Wohnzimmer sowie einen weiteren Flur zu durchqueren hatte um anschließend das Kinderzimmer zu erreichen, dass ich mir zudem mit meinem Bruder teilte. Ich sperrte sehr leise die Haustür auf und stellte zu meiner Überraschung fest, dass der Flur wie auch das Wohnzimmer zwar beleuchtet aber leer war. Lediglich auf dem Wohnzimmertisch stand ein mir nicht bekannter Koffer. Meine Eltern hielten sich offenbar im Schlafzimmer auf, damit konnte ich unmöglich den zweiten Flur betreten, von dem beide Kinderzimmer abgingen. Ich begab mich also vom Wohnzimmer direkt auf den rettenden Balkon und tat so als würde ich dort schlafen (dort stand unsere alte Wohnzimmercouch). Als mich kurze Zeit später meine Mutter dort entdeckt und gefragt hatte, was ich da mache, antwortete ich geistesgegenwärtig: Ich kann nicht (ein-)schlafen, habe mich also eine wenig an die frische Luft gelegt. Und wieso habe ich Schuhe an? Ähh, weil mir so kalt war? In dem Moment habe ich mich selbst über meine Schlagfertigkeit gewundert. Meine Mutter wollte das nicht so recht glauben, aber bevor Sie noch irgendwelche Fragen stellen konnte huschte ich schnell in mein Zimmer.

Erst am nächsten Tag erfahre ich, dass mein Vater starke Schmerzen aufgrund eines Nierensteines verspürt hat. Als er es nicht mehr aushält, rufen meine Eltern gegen Mitternacht beim ärztlichen Bereitschaftsdienst an. Der kam mit dem Taxi zu uns und hat meinem Vater ein Schmerzmittel verabreicht. Daher auch der fremde Koffer auf dem Wohnzimmertisch.

Mein Vater hat aufgrund seiner Schmerzen von meinem Ausflug gar nichts mitgekriegt und meine Mutter war einfach zu aufgeregt, um sich darüber weitere Gedanken zu machen. Die Nierensteine wurden anschließend im Krankenhaus entfernt. Und ich ging ab da wieder schön brav um 20:00 ins Bett (bzw. in mein Zimmer) ohne zu meckern, dass ich eigentlich länger aufbleiben will.

Eine weitere Geschichte gibt es zu meinem 10. Schuljahr. Meine Eltern waren über das Wochenende weggefahren und somit hatte ich das, was wir damals sturmfrei nannten. Es muss ein Freitagabend im Februar gewesen sein, denn genau an diesem Tag gab es Zwischenzeugnisse. Das hat mich zu der glorreichen Idee veranlasst all diejenigen aus meiner Klasse bzw. Schule einzuladen, bei denen mindestens eine fünf bzw. der Hinweis „Vorrücken gefährdet!" im Zeugnis stand. Und damit es auch lustig wird sollte bitteschön jeder so viel Alkohol mitbringen wie er nur irgendwie tragen kann. Da ich schon eine leise Vorahnung hatte was im Ernstfall alles passieren kann stellte ich in der ganzen Wohnung Putzeimer auf, die jedoch zu meinem Leidwesen unbenutzt (bzw. unbekotzt) blieben. Wir spielten dann irgendein Trinkspiel mit der klaren Zielsetzung, möglichst viel in möglichst wenig Zeit zu trinken. Was wir auch hervorragend geschafft haben. Da wir ein absoluter Nichtraucherhaushalt waren, mussten sich die Raucher entweder auf den Balkon oder ins Treppenhaus begeben. Spät am Abend führte das - nachdem wir zusätzlich noch Vaters Bar im Wohnzimmerschrank eröffnet haben - dazu, dass jeder bereits *mehr* Alkohol wie nur irgendwie möglich zu sich genommen hat. Mediziner würden heute von einer schweren Alkoholvergiftung sprechen. Bei einer Rauchpause erwiesen sich dann unsere kleinen Mägen und Gehirne mit der Kombination aus Alkohol und Nikotin mehr als überfordert. Leider hatten die Raucher im Innenhof vergessen die Haustür für andere Gäste offen zu lassen, so dass diese dann im Treppenhaus völlig hilflos umherirrten. Einem wurde davon so schwindlig, dass er schlagartig seinen Mageninhalt preisgab. Zur Freude aller Hausbewohner hatte er offensichtlich reichlich gegessen und übergab sich in unseren Lichthof. Damit verteilte sich das gute Essen kaskadenartig wie bei einem Wasserfall über mehr als vier Stockwerke nach unten. Andere Gäste wiederum hatten plötzliche Blasenprobleme und ließen es ebenfalls laufen. Einer hatte sich in den Aufzug begeben und war dort eingeschlafen. Ein einziger hat versucht mit dem Fahrrad nach Hause zu fahren und knallte gegen ein Verkehrsschild. Ich selbst nahm eine kalte Dusche in der Hoffnung, ich könnte den Alkohol einfach abwaschen. Das einzige an was ich mich noch erinnern kann ist das mein Bruder irgendwann nach Hause kam und mich fragte, ob er den Notarzt rufen soll. Das ganze Ausmaß der Party war mir erst am nächsten Tag ersichtlich: alle Nachbarn befanden sich im Treppenhaus und sahen der Hausmeisterin zu wie Sie das Treppenhaus putzte. Irgendjemand klingelte wie verrückt an unserer Haustür und wollte von mir wissen, ob „wir" das waren. Wahrheitsgemäß antwortete ich, dass ich kein Ahnung aber Kopfweh habe und schloss die Haustür wortlos. Ein Anruf bei meinen Gästen hat sich tagsüber als zwecklos erwiesen, da keine Mutter dazu in der Lage war irgendjemand aufzuwecken. Am Abend haben wir dann reumütig der Hausmeisterin 20 DM sowie Pralinen gegeben (ein Flasche Wein erschien uns als unpassend). In die leeren Flaschen der Bar meines Vaters haben wir einfach wieder irgendeinen Fusel eingefüllt. Die halbe Schachtel HB haben wir mit irgendwelchen Fluppen aufgefüllt, da diese Marke im Handel nicht mehr erhältlich war. Natürlich haben meine Eltern von der ganzen Sache etwas erfahren was dazu führte, dass ich an den spannenden Wochenendausflügen meiner Eltern ab sofort wieder teilhaben durfte. Mein Protest dagegen hielt sich in Grenzen.

Die letzte Geschichte ereignete sich in an meinem 16. bzw. 17. Lebensjahr. Einer meiner Freunde hatte da schon einen Führerschein und wir alle waren ganz versessen danach selbst auch mal am Steuer zu sitzen. Also lieh ich mir unter einem Vorwand den Käfer (ohne TÜV) von meinem Bruder aus und wir fuhren damit in die Aubinger Lohe (ein Naturschutzgebiet!), damit jeder dort mal eine Runde drehen kann. Außer mir kam nur keiner dazu, da ich als erster dran war. Es gelang mir – natürlich habe ich das Gaspedal voll durchgetreten - bei meiner ersten Autofahrt einen Käfer auf wenigen Metern so zu beschleunigen, dass ich bereits mit überhöhter Geschwindigkeit in meine erste Kurve einfuhr woraufhin auch gleich das Heck ausbrach. Meine Gegenlenkversuche führten dazu, dass die Fahrt schon nach 500 Metern im Straßengraben – genauer gesagt im Bach neben dem Weg – endete. Zum Glück war die Böschung ausreichend bepflanzt so dass das Auto nicht ganz so abrupt zum Stehen kam – natürlich war keiner von uns angeschnallt. Dumm - wenn dann auch noch die Polizei zufällige vorbeikommt. Gut – wenn man einen Bruder hat der angeblich gefahren ist. Und das obwohl er gar nicht dabei war. Wieso die Polizisten uns diese Geschichte abgekauft haben wird mir ein lebenslanges Rätsel bleiben. Gut – wenn auch ein Bauer zufällig mit seinem Traktor vorbeikommt und das Auto aus dem Bachbett wieder rauszieht. Aus dieser Geschichte haben wir nicht wirklich etwas gelernt. Mit 17 (und damit ohne Führerschein) kam uns dann die glorreiche Idee, mit dem Auto der Mutter eines Freundes doch mal eine kleine Spritztour zu unternehmen. Dumm – wenn man das Auto im absoluten Halteverbot abstellt. Richtig blöd – wenn dann ausgerechnet die Polizei anhält, um einen darauf hinzuweisen. Gut – wenn in dem Moment Isar 12 einen Funkspruch bekommt sofort zu einem Einsatzort fahren. Blöd – wirklich saublöd – wenn sich zuhause dann rausstellt, dass in der gesamten Straße kein einziger Parkplatz frei ist und damit das Auto eine Nebenstraßen weiter abgestellt werden musste. Wie mein Freund das dann seiner Mutter erklärt hat wird sich mir ebenfalls nie erschließen.

Seit meinem 18. Lebensjahr verläuft mein Leben einigermaßen gesittet und geordnet. Auf alle Geschichten, die ich seitdem beispielsweise als Rettungsdienst-, als Motorrad-, Ski- oder Taxifahrer erlebt habe verzichte ich besser. Wer weiß, vielleicht lesen dass ja mal auch meine Kinder. Für Insider: der Weg führt bestimmt zu einem Lift, Wirtshaus etc. Das wäre dann wieder ein eigenes Buch. Auf das Radfahren komme ich später noch zu sprechen.

Auf vielen Urlaubreisen darf ich entdecken, wie schön die Welt bzw. mein Leben ist. Danke für die Möglichkeit, neun Wochen auf einer Insel in der Karibik den dortigen Alltag erleben zu dürfen. Auf einer Studien- und Urlaubreise nach Russland können wir erleben, was echte Gastfreundschaft bedeutet. Und welche schier unglaublichen Mengen Alkohol manche Menschen zu sich nehmen können. Nach meinem Studium erfülle ich mir einen Lebenstraum und radle mit einem Freund vier Monate durch Südamerika. Noch nie habe ich derart schöne Landschaften gesehen und derart interessante Erfahrungen gemacht. Vier Monate mit ca. 50 Gegenständen (Werkzeug, Ersatzteile, Ausrüstung, Kleidung usw.) zu leben sowie 4.000 km menschenleere Natur im Wortsinn zu erfahren ist der Wahnsinn. Irre! Der Höhepunkt meines Lebens stellt bis dahin die Geburt unserer ersten Tochter dar. Ich führe ein glückliches Familienleben und es geht mir hervorragend. Und damit beginnt:

Mein Tagebuch

Es geschah an einem Freitag im Jahr 2005. Ausgerechnet ein Freitag. Eigentlich mein Lieblingstag. Kein anderer Tag der Woche hatte bislang eine ähnliche Bandbreite an Überraschungen für mich parat: Da gibt es z.B. den harmlosen Freitag und der hängt maßgeblich vom kleinen Bruder, dem Donnerstag ab. War ich da schon durstig und lang im „Club", so hatte das für den Freitag oftmals schwere Folgen: er begann mit einem Aspirin und endete gerne schon mal – völlig unspektakulär - um 21:00 auf der Couch, mit dem Einschlafen beim Vorlesen von Gute-Nacht-Geschichten oder anschließend vorm Fernseher. Oder aber der Wellnessfreitag mit Besuch von Schwimmbad und Sauna. Danach einfach schnell ins Bett. Wehe aber ein Fest steht an. Oder noch schlimmer: Ein Wiesnbesuch, dann gab es am Freitag oftmals kein Halten mehr: Vollgas – schließlich war das Wochenende lang Zeit zum Regenerieren und um Körper und Hirn am Montag wieder langsam auf den Arbeits-und Denkmodus hochzufahren, der dann unweigerlich auf ein Wochenende folgte. Gefühlt bin ich dann am Samstag immer in der gleichen Position aufgewacht in der ich eingeschlafen bin. Und ich musste dringend aufs Klo! Komplikationen gab es immer nur, wenn ich in der S-Bahn, im Liegestuhl im Garten oder an noch unbequemeren Orten eingeschlafen bin bzw. die Nacht verbrachte – sehr zu empfehlen an kalten Herbsttagen - dann war das Wochenende gelaufen. Und nach einem Wiesnbesuch war ich meist glücklich, den Vorabend unverletzt überstanden zu haben, aber gerädert rätselnd, wo und wann dieser wohl wie geendet hat. Selbst am Sonntag war meine Festplatte immer noch gelöscht oder produzierte weiterhin nur Fehlermeldungen.

Unvergessen sind für mich die Freitage, an denen wir abends zu Schafkopfen begonnen haben. Aufgehört haben wir oft erst dann, wenn der Kasten leer oder die Sonne bereits aufgegangen war.

Oft besuchte ich am Freitag einer meiner Freunde (Gleichgesinnter), die über entsprechende Couchen und Kühlschränke verfügten um dann über die guten alten Zeiten zu sinnieren. Das tat ich auch an diesem Freitag. Am Schluss endete der Freitag – eigentlich schon Samstag - meist gleich: Sollte ich tatsächlich Hürde eins bewältigen und die Heimreise mehr oder minder erfolgreich absolvieren und (Hürde 2) die Haustüre in Sekundenschnelle aufsperren, dann war eines garantiert: Tiefer, fester und erholsamer Schlaf. Ärzte würden auch von Koma oder Somnolenz sprechen, ich selbst hatte immer das Gefühl innerhalb von 0,001 Sekunden einzuschlafen nachdem ich einen Raum mit einem Bett oder vergleichbarem betreten habe. Um dann nach gefühlt fünf Minuten (in Wahrheit fünf oder mehr Stunden) später wieder aufzuwachen.

Doch diesmal kam alles ganz anders. Vielleicht lag es daran, dass meine weltbeste Freundin im 7. Monat (zum zweiten Mal) schwanger war und mich mit den Worten verabschiedete: Lass krachen – ist ja bald wieder vorbei! Oder aber: alles schien perfekt. Der Pegel aus Müdigkeit und Hirnresttätigkeit war absolut ausgeglichen, das Verlangen noch mal nachzulegen gleich Null und das Bett schon in Reichweite. Auch war es nicht allzu spät geworden – ein Mütze Schlaf locker noch drin. Am Wochenende stand nichts auf dem Programm und sollte damit relativ einfach auch im Notlaufmodus zu bewältigen sein. Also nur noch eines: Ab ins Bett und endlich schlafen.

Aber was war denn das? Vor lauter Herzklopfen war an Schlaf nicht zu denken. Stattdessen wälzte ich mich völlig planlos im Bett hin und her auf der Suche nach der richtigen Schlafposition. Seltsam war auch, dass ich derartige Fehlermeldungen aus dem Maschinenraum bislang überhaupt nicht kannte. Etwas sportlich, aber gerade mal 35 Jahre alt gab es in meinem Leben nicht eine nennenswerte Erkrankung, schon gar keine Probleme mit der Pumpe. Gut, ich habe nicht immer gesund gelebt und liebte das Motto: alles mal ausprobieren. Aber das kam mir doch sehr komisch vor. Was mich umso mehr ärgert, ist dass ich eigentlich saumüde bin und sich immer mehr der Gedanke verfestigt, dass da etwas nicht stimmt. Als ehemaliger Sanitäter kenne ich die Symptome von Herzbeschwerden eigentlich recht gut, doch die gingen in der Regel mit Schmerzen im Brustbereich, rasendem Puls, Panik, Kaltschweißigkeit und sonstigen Nettigkeiten einher. Und was war bei mir?

Komisch war auch, dass das kein normaler Herzschlag war, den ich da vernehmen konnte. Stattdessen eher so etwas wie Herzrasen. Ich weiß gar nicht wie das angefangen hat, es war irgendwie auf einmal da. Es fühlt sich so an, als ob jeder Muskel in meiner Brust planlos rumzuckt. Wie ein Orchester, das wild durcheinander spielt und der Dirigent das irgendwie nicht auf die Reihe kriegt. Außerdem wusste ich bis dahin noch gar nicht, dass mein Herz überhaupt derart viele Muskeln hat.

Warum tut mir eigentlich der Brustkorb so weh? Fühlt sich irgendwie an, als ob gerade ein Auto auf mir parkt. Und warum bin ich eigentlich klitschnass? Irgendwie habe ich gerade das Gefühl in einem falschen Film zu sein. Nachdem das mit dem Schlafen grad schlecht ausschaut, beschließe ich unsere mir bis dato unbekannte Hausapotheke im Keller aufzusuchen. Da ich da nichts Passendes für meine Beschwerden finden kann beginne ich – irgendwas wird schon helfen - etwas Voltareen auf meine Schultern zu schmieren. Aufstehen ist nicht wirklich was für meinen Kreislauf und irgendwie bin ich etwas wacklig auf den Beinen. Die Salbe hilft nicht wirklich – im Gegenteil. Statt dem Auto parkt jetzt ein 12-Tonner auf meiner Brust und ich schwitz mehr als jemals zuvor in einer Sauna. Also wieder hinlegen und nachdenken. War das am Ende ein Herzinfarkt? Für mich steht fest: Herzinfarkt, dafür habe ich jetzt absolut keinen Nerven. Das war jetzt mindestens so willkommen wie ein Anruf beim … Kann ja auch gar nicht sein – in meinem Alter. Und überhaupt war ich die Ruhe selbst, von Panik noch keine Spur. Andererseits war ich nicht wirklich in der Lage über irgendetwas auch nur im Ansatz vernünftig nachzudenken und beschloss daher erst einmal zu schlafen. Wenn ich aufwache, schaut die Welt bestimmt ganz anders aus. Aber irgendwie passt die Kombination aus todmüde und einer Pumpe, die gerade ein Technoparty mit gefühlten 200 beats/per minute feiert nicht optimal zusammen. Ich spielte gedanklich schon mal durch, was passieren würde, wenn ich jetzt einfach mal den Notarzt rufe. Zahle ja schließlich Unsummen jeden Monat an die Krankenkasse. In jedem Fall sollte ich dann meine Freundin wecken, nur was soll ich ihr sagen? Schatzi mach dir keine Sorgen, aber ich wollte mich schon immer mal durchchecken lassen und da wir am Wochenende ohnehin nix vorhaben … Und: Soll dich der Doc auch gleich untersuchen, wenn er schon mal im Haus ist? Ob auch wirklich alles passt – mit der Schwangerschaft und dem Kind? Oder einfach einen Zettel hinlegen; bin kurz weg … Und was sage ich dann dem Arzt? Dass ich ein zwei Bier getrunken habe und ich mir auch keinen Reim machen kann, woher das Herzklopfen kommt? Und es mir leid tut, ihn deshalb bei seiner 48 Stunden Schicht um die einzige Stunde Tiefschlaf zu bringen? Eins war jedoch klar: Um die Uhrzeit kommt das Notarztteam aus Pasing. Damals noch ein gefürchtetes Krankenhaus im Münchner Westen, zumindest bei allen die ernsthaft krank sind und auf Heilung hoffen. Hier durfte jeder Stümper Operationen durchführen und am Wochenende durften selbst die absoluten Anfänger Mal ans Werk – wenn – was für alle Beteiligten die beste Lösung war - überhaupt etwas unternommen wurde. Das Essen dort ist selbst für total ausgehungerte Menschen ungenießbar - hat weder Küche noch Koch gesehen und diente alleinig dazu, den örtlichen Pizzadiensten eine Maximalrendite zu verschaffen. Aber auch wenn der Notarzt aus einer ganz anderen Ecke kommt gilt: wenn die Freunde in Weiß um 4 Uhr in der Früh mit Blaulicht und Blasmusik anreisen, weiß die ganze Straße wo bald ein Zimmer frei wird. Auch gibt es für die Liebsten angenehmere Aufwachrituale für einen Samstagmorgen. Und der Hund freut sich auch nicht über Besucher, der sich ohnehin bei seinem Anblick – er lässt dann gerne mal die Bestie raushängen - nicht auf das Grundstück traut. Und das ganze tamtam wegen ein bisschen Herzklopfen? Nach einer gefühlten Ewigkeit beschließe ich, das Ganze jetzt wie ein Mann zu regeln: Ab ins Auto und dann in das Universitätskrankenhaus Großlappen. Schließlich das beste Krankenhaus in Bayern. Dort dann schnell paar Tabletten abgreifen und dann gleich wieder heim ins Bett! Oder ich bleibe eine Nacht zur Beobachtung da. Soll ich überhaupt Bescheid sagen? Wecke kurz meine Liebste mit dem Hinweis: bin kurz weg – bzw. gleich wieder da und bitte keine Sorgen machen. Was soll ich mitnehmen? Nichts – ist ja ein Notfall und ich bin ja sowieso gleich wieder da.

Als ich ins Auto steige beschleichen mich erste Selbstzweifel, ob das mit dem Autofahren ein wirklich guter Gedanke ist. Oder andersherum: Kann ich wegen meiner Restpromille oder wegen meines Kreislaufes inkl. wackliger Knie nicht Autofahren?

Egal, um die Uhrzeit ist ohnehin keiner unterwegs und ich wollte – bis dahin – ohnehin alles Mal ausprobieren. Und tatsächlich, kein Schwein unterwegs, dennoch schließen sich vor mir – wie soll es anders sein - die Bahnschranken. Und ich merke wie auf einmal mein Herz immer langsamer schlägt. Wars das jetzt? Bin wahrscheinlich nicht der erste, der vor einem Bahnübergang verstorben ist. Und statt Panikattacken übernehmen komischerweise folgende Gedanken in meinem Hirn die Kontrolle: Was für ein wunderschöner Sonnenaufgang! Ich höre erstmals im Jahr die Vögel zwitschern. Tolle Morgenstimmung – sollte ich vielleicht öfter so früh aufstehen? Oder ist das Gefühl dass ich auf einmal habe stets so, bevor man stirbt - bin ich auf dem Weg ins Paradies? Erfrierende sollen sich ja auch kurz vor dem Tod die Klamotten runterreissen, angeblich weil Ihnen zu warm ist. Und wieso bin ich immer noch allein unterwegs? Fühle mich gerade wie im Buch Momo, als ob ich gerade etwas extra Zeit geschenkt bekomme. Rumms – da reißt mich die vorbeifahrende S-Bahn aus meinen Gedanken. Motor an und weiter geht´s. Habe es auf einmal gar nicht eilig und halte mich penibel an das Tempo 50. Überlege bei der Hinfahrt in einer Seelenruhe, ob ich das Auto in der Nothilfe oder besser am Patientenparkplatz abstelle. Nur von da geht man nochmals gefühlt eine Ewigkeit. Entscheide mich aufgrund der vielen hässlichen Halteverbots- und Abschleppschilder im 50 cm Abstand in der Nothilfe doch für den Patientenparkplatz und schwanke anschließend zur Nothilfe. Gehe wie sich das gehört erst mal zur Patientenanmeldung, die jedoch um die Uhrzeit nicht besetzt ist. Schleiche mich anschließend in die Nothilfe und lege mich sofort auf eine Trage im Eingangsbereich. Ein Arzt hat das mitbekommen und fragt in einer Mischung aus grantig und verblüfft wie ich hier reingekommen bin und was ich hier will. Er schenkt meiner Antwort – habe evtl. Herzprobleme – mit einem Kopfschütteln Beachtung und murmelt etwas von „haben grad zwei Notfälle reinbekommen". Aha – bin also schon mal Patient zweiter Klasse und hochwillkommen. Egal – ich ziehe meine Schuhe aus und lege mich erst mal hin. Nach einer gefühlten Viertelstunde erbarmt sich ein Weißkittel und misst Puls und Blutdruck, anschließend nimmt er mir Blut ab. Für meine Krankengeschichte interessiert er sich nicht wirklich, anscheinend kommen am Samstagmorgen öfter mal Männer in meinem Alter zum Ausschlafen vorbei. Oder hätte ich mich doch besser rasieren sollen und mal ein Deo auftragen? Überlege, ob ich auf die Frage "Haben Sie so etwas schon mal gehabt?" antworten soll: Doch ja, immer Dienstag und Donnerstag 16:00. Samstagmorgen hingegen ist neu für mich. Doch der Mann erscheint mir mindestens so humorvoll wie eine Münchner Bedienung. Schließlich antworte ich: nein, hatte noch nie etwas mit dem Herzen. Nach 24 h ohne Schlaf war auch mein Humor im Minusbereich. Versuche zu schlafen, doch das ist in einer Nothilfe nicht im Ansatz möglich. Im 10-Minutentakt karren die Sanis immer wieder Nachschub ran, daheim in Ruhe zu sterben ist anscheinend nicht mehr angesagt. Doch dann die echte Überraschung: Das Ergebnis der Blut(schnell)untersuchung ist ohne Befund!? Hallo – hat mir jemand was ins Bier geschüttet und war das nur ein schlechter Horrortrip? Und nun? Auch dem Arzt kommt das seltsam vor. Der schickt mich im Anschluss erst einmal – alleine - zum Röntgen der Lunge. Vielleicht ist ja da was? Kommen da die Schmerzen her? Mir kommt es eher vor, als ob die Krankenkasse mal so richtig bluten soll. Oder aber es hat System, sich so der Patienten zu entledigen. Wer einmal das Labyrinth aus Gängen, Etagen, Durchgängen und Sackgassen in dem Krankenhaus mit 13? Stockwerken gesehen hat, der findet auch in Venedig ohne Stadtplan jedes Ziel. Also auf nach I2 oder G3? Merke dass mein Hirn mich auch noch im Stich lässt und mein Kreislauf nicht wirklich auf Wandern getrimmt ist. Dort angekommen ist keiner da. Klingeln. Nochmal klingeln. Nach gefühlt 30 Minuten ist das Röntgenbild fertig. Und natürlich wird das Bild im Stehen aufgenommen, ich darf dazu noch einen schönen Bleipanzer als Jacke tragen. Darf dann wieder die Odyssee durch das Labyrinth zur Nothilfe antreten. Dort angekommen stellt man fest: Auch die Lunge ist ohne Befund. Anschließend kümmern sich die lieben Ärzte erst einmal um die *echten* Notfälle.

Dann ruft gegen Mittag meine Weltbeste an: Was fehlt? Keine Ahnung! Wann ich heimkomme? Keine Ahnung! Was wird noch gemacht? Keine Ahnung! Wie geht´s weiter? Keine Ahnung! Soll ich vorbeikommen? Keine Ahnung! Ich ruf dich an wenn ich mehr weiß – Bussi!

Mittlerweile ist es nachmittags und ein neuer Arzt taucht auf. Was mir fehlt? Checke kurz die Humorskala und entscheide mich für die Antwort: dafür, dass mir 30 h Schlaf fehlen geht es mir eigentlich ganz gut. Darauf misst der Arzt Puls und Blutdruck und ordnet eine Blutuntersuchung an. Der Hinweis, gleiches wurde schon heute Morgen gemacht interessiert nicht wirklich. Ich denke immer noch ich bin im falschen Film und will jetzt verdammt noch mal schlafen. Gerade als ich aufs Klo gehen will, kommt auf einmal ein Rudel Weißkittel hereingestürmt mit dem Schlachtruf:

NICHT BEWEGEN! S O F O R T AUF INTENSIV!

Öha, was war denn jetzt los? Meine die mich? Bin ich doch krank? Auf die Frage, ob neue Erkenntnisse vorliegen höre ich nur „erhöhte blabla-Werte" die heute Morgen noch nicht sichtbar waren. Aha und was heißt das jetzt? Verdacht auf Herzinfarkt! Und ich darf das Bett auf gar keinen Fall verlassen. Was mich stutzig macht, ist das mich auf den Weg zur Intensivstation diverse Weißkittel begleiten, die sich gleichsam bestürzt und betröppelt von mir abwenden und dabei ein außerordentlich ernstes Gesicht machen. Schließlich durfte ich vor wenigen Stunden noch mutterseelenallein durch das Krankenhaus irren. Auf Intensiv angekommen nehmen mich sofort diverse Marsmännchen in Empfang. Eigentlich schauen diese Schutzanzüge, die hier alle anhaben recht putzig aus. Irgendeine Mischung aus Malerkittel und Teletubbis. Kannte ich bisher nur von Computerreinsträumen oder Berichten über Atomendlager. Da unter dieser Totalverschleierung – als ob hier alle Burka tragen - alle gleich ausschauen, gibt es wie beim Fußball zwei Farben – blau und grün. Werde erst später rausfinden, welche Farbe für Arzt oder Pfleger bzw. Gegner oder Freund steht. Absolut beeindruckt haben mich dann die Zimmer – oder besser Überwachungsräume. Neben den Betten wurden alle Gerätschaften aufgestellt, die die deutsche Medizintechnik jemals produziert hat. Bei jedem Patienten liefen EKG´s in riesiger Bildschirmgröße – mit allen Wellendarstellungen die auch das kleinste Zucken jegliches Herzmuskels misst. Und wahrscheinlich auch, wenn man einen Furz lässt. Daneben unzählige Injektomaten und sonstige Gerätschaften, um die uns jedes Raumschiff beneiden würde. Über den Betten hängen diverse Infusionen, vom Patient selbst war eigentlich nichts mehr zu sehen. Zu jedem Patienten hin gehen zig Kabel und Schläuche. Wow – selbst Dr. House wäre hier neidisch geworden. Sofort kommen erste Marsianer um mich ebenfalls zu verkabeln, neu einzukleiden und mit einer Bettpfanne auszustatten. Nochmals kommt die eindringliche Warnung: Nicht aufstehen! Ganz ehrlich – ich bin mittlerweile sowas von müde – und freue mich erstmal riesig über ein anständiges Bett. Doch da bekomm ich irgendetwas von Herzkatheter und s o f o r t – verbunden mit der Frage, wann ich zuletzt was gegessen habe, mit. Essen? Absolut überbewertet und ebenfalls mind. 16 h her. Prima, dann können wir ja mit dem Herzkatheter gleich loslegen. Ich werde das Gefühl nicht los, das ich noch meinen Schlafminusrekord aufstellen darf. Nach einer kurzen Desinfektion kommt die Ansage, bitte jetzt absolut stillhalten. Kein Problem. Und: Sie bekommen im Anschluss einen Sandsack auf den Oberschenkel und müssen daher die ganze Nacht auf dem

Rücken schlafen. Diese Wortkombination hat mir besonders gefallen: schlafen und müssen! Nicht gefallen hat mir die Diskussion der Ärzte: Wie schaut das aus? Machen wir einen Stent? Oder lassen wir lieber den Prof. entscheiden? Anscheinend ist auch hier die B-Mannschaft am Start und man entscheidet sich, am Montag den großen Meister zu befragen. Schlagartig wurde mir klar, dass das mit der Sportschau heute eng wird. Aber am Abend gibt es auch Gesichter, die mich anlachen: Meine Mädels kommen zu Besuch! Keine Ahnung, wer komischer aussieht; ich mit Tropf und Kabeln oder meine Damen in Schutzanzügen.

Tag 1 – oder irgendein anderer

Irgendwann bin ich anscheinend eingeschlafen. Kann jetzt auch mit dem Begriff Totenstille etwas anfangen. Hier herrscht eine trügerische Ruhe – wer kleine Kinder hat kennt das Gefühl wovon ich spreche. Grundsätzlich wirkt alles recht friedlich, wir alle liegen im Halbdunklen und piepsen vor uns hin. Das ist auch gut so, da das piepsen dem jeweiligen Puls entspricht. Die Schwestern sitzen in einer Art Kommandozentrale und dösen ebenfalls vor sich hin. Mich beschleicht das Gefühl, dass alle um mich rum 50 Jahre älter und so richtig ernsthaft krank sind. Bei einigen ist auch eine Sauerstoffflasche am Start bzw. manche werden zusätzlich beatmet. Nicht gut ist es, wenn die Stille durch einen Alarmton unterbrochen wird, der dem eines Feuermelders nicht unähnlich ist. Das ist immer dann der Fall, wenn eine Nulllinie am EKG erscheint, worauf hin unzählige Helfer mit dem Wiederbeleben beginnen. Das Gefühl, daneben untätig im Bett zu liegen – nicht schön. Aber – Danke nochmal an euch alle! – hier leisten alle einen 1a-Job und ich habe mich noch nie mehr gefreut, erneut wieder diese pieps-Töne zu hören. Was mich langsam in den Wahnsinn treibt, ist die Tatsache auch hier nie, n i e, niemals wirklich schlafen zu können. Jeder Tag beginnt um 6:00 mit Blutdruckmessen (wer bitte hat um diese Uhrzeit höhere Werte wie

Scheintote oder Alkoholleichen), Blutabnahme und einem endlosen Cocktail aus Tabletten, die Morgens, Mittags, Abends und Nachts zu schlucken sind. Dazwischen Waschen, Essen und Dösen. Ich stelle fest, dass ich hier der einzige bin, der noch Besuch bekommt. Einziger Gegenstand in meinem Umfeld ist ein Zettel, dass auf Wunsch ein Pfarrer mich aufsuchen würde. Sowas wie Fernsehen ist hier nicht vorgesehen, ich bin auch unsicher, ob einer der Patienten hier zu einer Bildverarbeitung in der Lage wäre. Ich bekomme auch keine Gespräche mit, die ein Patient mit einem Pfleger führt. Irgendwie kommt mir schnell jeder Tag hier gleich vor – apropos welcher Tag ist eigentlich?

Tag 2 – oder irgendein anderer

Heute kommt Leben in die Bude. Der Großmufti Prof. erkundigt sich mit seinem Gefolge nach meinem Wohlbefinden. Er frägt rhetorisch seine Jünger, was zu tun sei, beantwortet aber dann die Frage zur Freude aller Beteiligten gleich selbst: Stent! Also gleich rein mit dem Schlauch – diesmal in die andere Fußarterie und ich darf erneut mit Sandsack die nächsten Tage liegend verbringen. Habe jetzt endlos Zeit über alles Mögliche nachzudenken. Doch es schwirren immer die gleichen Gedanken durch meinen Kopf: Warum? Warum ich? Habe ich etwas falsch gemacht? Ich hab doch immer brav aufgegessen! Sind am Ende doch die 3-4 (Tausend?) Zigaretten Schuld, die ich an und ab geraucht habe? Hab doch schließlich auch mal für Monate – oder waren es Wochen – damit aufgehört! Außerdem habe ich doch - ab und zu – auch Sport gemacht! Mindestens eine komplette Etappe der Tour de France habe ich auch mir angeschaut, auch auf der Spielkonsole war in meiner Jugend eigentlich immer – oftmals über Stunden - Sport angesagt, was mitunter schon sehr anstrengend war! Falsche Ernährung? Oder waren es meine Pflanzen? Und das obwohl ich extra auf biologischen Anbau und beste Qualität geachtet habe? Stress? Übergewicht? Kenne ich eigentlich alles nicht.

Werde mal die Weißkittel löchern. Muss ich tatsächlich diese Unmenge von Tabletten schlucken? Wann darf ich zum ersten Mal aufstehen?

Tag 3 – oder irgendein anderer

Rufe heute in der Arbeit an und sag, dass es mir heute nicht gut geht. Deute an, dass ich vielleicht die ganze Woche nicht ins Büro komme. Und das obwohl sich mein Gesundheitszustand schlagartig verbessert hat. Glauben zumindest die Ärzte, da Sie mich sehr schnell auf eine normale Station verlegen. Der Tagessatz – und auch der Betreuungsschlüssel ist hier eindeutig anders. Ich selbst habe das Gefühl, es wird nicht wirklich besser. Und das nicht obwohl, sondern *weil* ich diese Unmengen von Medikamente einnehmen darf. Auf die Nachfrage, was die Medikamente alles bewirken, wird mir alles klar: Also die weißen dienen dazu, die Blutzirkulation zu fördern. Die Orangen senken den Blutdruck. Die Blauen sind …. . Hallo – ich war doch bis vor paar Tagen noch Kerngesund? Ich werde das Gefühl nicht los, wenn ich alle Tabletten weiter nehme, bleibe ich auch weiter krank bzw. zumindest mein Kreislauf im Keller. Wie lange muss ich die denn nehmen? Ein Leben lang? Neu ist, dass meine Bettnachbarn jetzt ansprechbar sind. Das erweist sich aber nicht als Vorteil.

Tag 4 – oder irgendein anderer

Die Frage nach dem warum scheint nicht nur mich, sondern zumindest auch meinen behandelnden Arzt zu beschäftigen. Er ordnet jeden Tag neue Blutuntersuchungen an, ich werde das Gefühl nicht los das ich bald keines mehr habe. Oder werde ich als Blutspender missbraucht? Ich erfahre erst viel später, dass Herzkranke auch nie wieder Blutspenden dürfen! Zumindest an der Front gibt es Entwarnung: Alle Blutwerte o.k.

Tag 5 – oder irgendein anderer

Heute darf ich - zunächst nur in Begleitung - wieder aufstehen! Ein wackliger Schritt für Außenstehende – aber ein gewaltiger

Schritt für mein Ego: Werde ich wieder ein normaler Mensch? Wird alles gut? Wann darf ich heim? Die Fragen beantwortet mein Kreislauf: Blutleer und vollgepumpt mit der kompletten Klinikapotheke wird mir schnell schwarz vor Augen. Schöner Sch ….

Lege mich gleich wieder hin. Werde ich den Rest meines Lebens im Bett verbringen? Schaut so ein treusorgender Familienvater von bald zwei Kindern aus? Als stolzes Familienoberhaupt fühle ich mich im Augenblick nicht – eher als jammernder Waschlappen. Bin nur froh dass mich keiner in dem Zustand sieht. Ich bin sogar so müde und erschöpft - oder auch geschockt - dass ich weder frustriert oder verängstigt bin. Ich fühle mich einfach nur öd und leer. Irgendwer hat meine Duracell geklaut! Alles kommt mir vor wie in einem Film, der zu langsam abläuft. Oder als ob mir einer die Batterien durch leere ersetzt hat bzw. mir eine Tempo 30 Schild eingepflanzt wurde.

Tag 6 – oder irgendein anderer

Beschließe alles, wirklich alles Erdenkliche zu tun, um diesen erbärmlichen Zustand abzustellen. Ab sofort nur noch Obst und Gemüse. Und Bewegung! Vorbei die Zeiten, wo ich immer als letzter die Party verlassen habe. Ich tüftle mir gedanklich einen Genesungsplan aus bei dem ich innerhalb einer Woche wieder der alte bin. Oder würde es helfen, alle Medikamente, die vor mir liegen, in den Abfalleimer im Bad zu kippen? Werde mal den Arzt fragen, welche ich absetzten darf. Wie - keine? Ich lebe statistisch gesehen damit länger als wie wenn ich die nicht nehme? Aber was ist das für ein Leben, das ich dann im Halbschlaf verbringe? Mache mir ernsthaft Gedanken, wie und im welchen Zustand ich alt werden will. Werde ich überhaupt alt? Kann ich die Rentenversicherung gleich aufkündigen? Soll ich zur Absicherung meiner Kinder eine Lebensversicherung abschließen? Was muss ich noch regeln solange ich noch lebe? Brauche ich ein Testament? Finde zunehmend Gefallen an so Begriffen oder Redewendungen wie todsicher, nimm dir das nicht zu Herzen, Herzkasperl usw.

Tag 7 – oder irgendein anderer

Am meisten nervt diese Rumliegerei. Oder sollte ich besser sagen das Dahinvegetieren. Früher konnte ich mir nichts Schöneres vorstellen, als wie mehrere Tage am Stück im Bett zu verbringen. Dachte dabei aber eher nicht an ein Krankenhausbett, sondern an ein Bambusbett im Strandhaus unter Palmen! Dazu noch ein laues Sommerlüftchen. Teile das Bett auch lieber mit meiner Freundin als mit schnarchenden Infusionsflaschen links und rechts! Am schlimmsten ist, dass ich das Gefühl habe in diesem Raum nicht einen einzigen positiven Gedanken in meinem Hirn unterbringen zu können. Welche Prüfung will mir das Schicksaal damit auferlegen? Ich will so schnell wie möglich raus hier!

Woche 2 oder irgendeine andere

Halte es nicht mehr aus. Will dem ganzen irgendwie davonlaufen und stehe einfach auf und fange an umherzuwandern. Stelle zu meiner Überraschung fest, dass ich zwar am Anfang ziemliche Probleme mit dem Kreislauf habe. Danach findet sich aber doch noch etwas Blut in meinen schlaffen Bahnen das zumindest etwas Sauerstoff für meine Muskeln parat hat. Auch mein Gehirn springt wieder an und ich kann meine Beine immer besser kontrollieren. Überglücklich inspiziere ich die komplette Station. Total happy werde ich auch gleich übermütig. Verlasse heimlich die Station und begebe mich in den Patientengarten. Stelle fest, dass im Februar ein Nachthemd – hinten offen – bei einem Schneetreiben nur bedingt wärmt. Ist am Ende doch noch mehr kaputt gegangen? Stelle fest, dass ich mich freue – zu frieren – da mir das signalisiert ich lebe noch. Finde es toll, die Schneeflocken auf meiner Haut schmelzen zu sehen. Komme mir vor wie ein kleines Kind. Nach 30 Minuten siegt doch die Vernunft und ich breche das Experiment ab, ab wann der Kältetod bei mir eintritt. Blaugefroren, aber mit einem Lächeln kuschel ich mich in mein Bettchen. Hallo Leben – ich bin wieder da!

Ich stelle fest, dass meine Endorphin-Ausschüttung und damit auch mein gefühlter Gesundheitszustand immer dann schlagartig zunimmt, wenn ich das Krankenhaus verlasse. Ich frag jeden Tag den Arzt, wann ich endlich raus darf. Gefühlt wurde bereits auch jede Untersuchung an mir durchgeführt, die von der Kasse bezahlt wird. Die Ursache für den Herzinfarkt kann jedoch bislang kein Arzt finden. Somit haben Sie sich auf „genetisch bedingt" geeignet. Stelle mir gerade vor, wie so ein Fertigungsfehler bei den Chromosomen wohl ausschaut und was alles noch passiert, wenn die mal zum Rosten anfangen. Aber immerhin: wenn heute die Blutwerte immer noch unauffällig sind, darf ich morgen raus! Fange schon zum Überlegen was ich als erstes mache, wenn ich heimkomme.

Wie gut sich das doch anfühlt, normale Klamotten anzuhaben. Zum Abschied bekomme ich noch einen Rezeptblock in die Hand gedrückt mit entsprechenden Hinweisen, wann ich wieviele Tabletten einnehmen muss. Langweilig wird mir also nicht werden. Mein Vater ist gekommen um mich abzuholen. Als wir bereits am Gang sind, erweist mein behandelnder Arzt viel Takt- und Feingefühl: Zum Abschied am Gang – in unmittelbarer Hörweite zu meinem Vater – ermahnt er mich eindringlich, bitte von meiner bisherigen Lebensweise Abstand zu nehmen. Zu meiner Freude zählt er noch mal laut und deutlich alle Dinge einzeln auf, die für ein Herz ungesund sind. Gut, dass wir darüber gesprochen haben! Für solche Fälle wünsche ich mir einen „Ausknopf". Danke, Herr Doktor. Auf dem Heimweg halten wir noch an einer Apotheke. Der Rezeptblock in meiner Hand zaubert der Apothekerin gleich mal ein Lächeln auf Ihr Gesicht. Stolz baut Sie eine Schachtel nach der anderen am Tresen auf mit dem Hinweis, fast alles wäre da. Den Rest bringt dann ein Lieferwagen heute Abend. Zum Glück fährt mein Vater einen Kombi, wo alle Tüten reinpassen.

Daheim angekommen, stehe ich vor folgendem Dilemma, das die nächsten zehn Jahre mich immer begleiten wird. Einerseits versuche ich mir nichts anmerken zu lassen und so zu sein wie immer. Stelle mir erstmals die Frage, wie ich eigentlich so bin. Es gibt ja auch keinen wirklichen Grund, irgendetwas anders zu machen, ist ja alles genetisch bedingt und somit Schicksaal. Gleichzeitig mahnt mich eine innere Stimme, ab sofort alles anders – besser – in jedem Fall gesünder zu machen. Das führt schließlich dazu, dass ich unsicher bin, ob ich besser stehen, gehen, liegen oder sitzen soll. Was soll ich trinken? Wasser, Tee, Apfelsaft oder doch alkoholfreies Bier? Was essen? Was tun und insbesondere, was nicht tun? Da mich das fast in den Wahnsinn treibt, beschließe ich der Einfachheit halber zunächst alles so zu machen wie immer, aber nur bewusster. bzw. nehme mir vor, vor jeder Entscheidung den Hauptrechner zu befragen, was gesünder ist. Oder doch den Bauch? Ich beginne zu begreifen, dass ich vor ganzen neuen Herausforderungen stehe und nicht die leiseste Ahnung habe wie ich damit umgehen soll. Was mir am meisten zu schaffen macht, ist dass ich praktisch mit keinem anderen Leidgenossen darüber sprechen kann. Um zu verstehen, was in mir vorgeht, bräuchte es Menschen, die vergleichbares erlebt haben. Doch in meinem Alter? Scheint so, als ob nur einer mir helfen kann und das bin ich schon selbst. Wenn ich etwas bislang nie bewusst war, dann einer der sich selbst etwas beibringt. Den Begriff

Autodidakt kannte ich noch gar nicht. Gerne habe ich mich an anderen Vorbildern orientiert. Damit ist nun Schluss, ich muss meinen eigenen Weg finden.

Jahre später lese ich einen Bericht von Überlebenden, die von einer Lawine verschüttet wurden, aber wie durch ein Wunder überlebt haben. Die Zeit, die Sie im Schnee verbracht haben nicht wissend, ob Hilfe kommt und ob Sie das Überleben werden ist in etwa mit der Zeit und dem Gefühl vergleichbar, mit einem Herzinfarkt im Bett zu liegen. Gut möglich, dass das Leben in 5 Minuten vorbei ist, oder nach einer Rettung ganz normal weiter geht. Interessanterweise sind die Verschütteten nicht in Panik geraten, sondern haben fast meditativ versucht sich noch ein paar schöne letzte Minuten zu machen. Nach der Rettung haben alle ein anderes, sehr dankbares und sorgloses Leben geführt. Allerdings hat es lange gedauert, diese Erfahrungen zu verarbeiten. Viele feiern seitdem zweimal Geburtstag im Jahr. Ich selbst weiß gar nicht mehr das Datum, nur dass es ein Freitag im Februar 2005 war.

Gut, dass mich der Arzt noch eine Woche krankgeschrieben hat. Da bleiben mir also noch ein paar Tage Zeit, mich an mein neues Leben zu gewöhnen. Was ich aber an diesen Tagen -, und auch den nächsten Jahren - nicht schaffe, ist eine Antwort auf die Frage zu finden, warum ist das passiert, was läuft richtig und was läuft falsch in meinem Leben. Erschwerend hinzukommt, dass ich auf einmal anfange, alles – aber wirklich alles was ich bisher in meinem Leben gemacht hinterfrage. Darunter sind auch Dinge die bisher für mich selbstverständlich waren: Wann stehe ich auf? Was esse ich? Was mache ich in meiner Freizeit? Muss ich mein Leben neu erfinden? Bisher hatte ich auch nicht viel für Philosophie übrig. Aber eines weiß ich jetzt ganz sicher: Wirklich wichtig im Leben ist die Familie, Freu(n)de und die eigene Gesundheit. Oder? Da ich mich als völlig unfähig ansehe zu entscheiden, was ich ab sofort tun und eben lassen bzw. mein weiteres Leben planen soll, entscheide ich mich für folgende, neue Variante: Ich spiele immer öfter Dr. Zufall. Und das geht z.B. so: War es bislang so, dass ich mit dem Hund spazieren gegangen bin, läuft das jetzt genau anders herum ab: Der Hund darf entscheiden wo es lang geht. Das hat z.B. zur Folge, dass wir nicht 20 Minuten sondern 2 Stunden unterwegs sind und manche Straße dreimal auf und ab laufen. Keine Ahnung was in so einem Hundehirn vorgeht, aber immer da entlang zu gehen wo es gut riecht oder den Weg zu nehmen den exakt ein anderer vor uns genommen hat ist auf alle Fälle mal was anderes. Auf keinen Fall würde ich es schaffen, dabei noch zwanzigmal zu pinkeln. Besteht so ein Hund eigentlich nur aus Magen und Blase? Lerne so ganz neue Wege, Grundstücke und Gärten in unsere Nähe kennen – und schimpfende Nachbarn, die bereits meckern wenn der Hund eine öffentliche Wiese betritt!

Das Spiel mit dem Dr. Zufall habe ich über viele Jahre perfektioniert. Beispiele gefällig? Ich schmiere mir das aufs Brot, was im Kühlschrank im mittleren Fach zweiter Gegenstand von rechts steht. Nur blöd wenn das der scharfe Senf ist. Oder ich ziehe die dritte Hose von unten und das zweite T-Shirt von oben an. Nur gut, dass ich mir aus meinem Aussehen nichts mache. Im Ernstfall greift schon mal die Stylepolizei „Freundin" ein. Ob ich den Bus oder die S-Bahn nehme entscheidet der Sekundenzeiger; bis Sekunde 30 Bus, danach S-Bahn. Schlecht nur, wenn der Bus am Wochenende praktisch nicht fährt. Das ich mit rutschigen Sandalen zum Wandern und mit Bergschuhen zum Baden gehe bringt mich ab und zu in Erklärungsnotstände. Auch keine gute Idee: das Spiel mit nicht eingeweihten usw. Ich bin immer dann besonders unsicher, wenn es um die Anschaffung von materiellen Dingen geht. Brauche ich das wirklich? Macht mich das gesünder? Belasten mich manche Sachen eher? Ob ich etwas bei ebay-Kleinanzeigen abgreifen soll; brauchen tue ich es, nachdem ich schon viel unnützen Kram habe nicht- schön wäre es natürlich schon – entscheide ich nach folgendem Muster. Beispiel: Die Anzeige ist am Freitag um 20:00 erschienen. Andere sollen bis Sonntag eine Chance haben. Wenn es da noch da ist, darf (muß)ich es kaufen. Nachdem ich mit der Variante Zufall viele Jahre hervorragend gefahren bin, oder zumindest interessante Sachen erlebt habe, fange ich langsam an zu Zweifeln ob wirklich alles im Leben Zufall ist. Oder das Schicksaal meint es einfach (ab sofort) gut mit mir?

Woche 3 oder irgendeine andere

Gehe wieder zur Arbeit. Erzähle etwas von Kreislaufproblemen, die aber vorbei sind. Ich bemühe mich, die Themen Krankheit und Gesundheit am Arbeitsplatz rigoros zu meiden und versuche ganz der Alte zu ein. Mein Problem: Meine Gesichtsfarbe unterscheidet sich nicht wirklich von der Wand hinter mir. Kämpfe insbesondere nachmittags mit dem Schlaf, da mich die Medikamente in eine Art Wachkoma versetzen. Abends starte ich dann mein persönliches Gesundheitsprogramm: Nach einer ausgewogenen Ernährung – was ist das eigentlich? - folgt das Sportprogramm in Form von einer Runde um den Block mit dem Hund. Dann zeitig ins Bett, da ich ohnehin hunde- bzw. todmüde bin. Merke, dass ich besser auf mein Äußeres achten sollte. Ausgerechnet als ich unrasiert und mit Jogginghose wieder mal mit dem Hund unterwegs bin, kommt eine Art „Nachbeben" über mich. Wieder fängt mein Herz an zu rasen bzw. unkontrolliert zu schlagen. Natürlich befindet sich in diesem Moment keine Menschenseele auf der Straße und auch der Hund interessiert sich dafür nicht wirklich. Natürlich habe ich auch kein Handy dabei. Stelle mir vor, wie Passanten mich entdecken, wenn ich mit Herzstillstand hier in der Wiese liege und dabei denken: Die Penner werden auch immer jünger. Statt mich zu reanimieren würden Sie mir vermutlich einen € zuwerfen. Ich beschließe ab sofort das Haus nur noch gepflegt und mit Handy zu verlassen. Wer weiß ob ich wieder heimkomme.

Woche 4 oder irgendeine andere

Ich mache mir zum ersten Mal Gedanken, was von mir übrig bleibt bzw. bleiben soll, wenn ich dann doch mal das Haus mit den Füßen nach vorne verlassen sollte. Ein Testament? Was sollte ich denn da reinschreiben? Auf keinen Fall brauche ich einen Eichensarg, ein Karton reicht mir völlig aus. Auch mache ich mir nix aus Blumen. Fange daraufhin an, alle möglichen Unterlagen und persönliche Dinge zu entsorgen – mit denen ich meine Angehörigen nicht belasten will. Schmeiße als erstes alle meine Schulhefte und Studienunterlagen weg oder sonstige Notizen, die ich jemals angefertigt habe. Das will doch kein Mensch mehr lesen. Welche Bücher will ich eigentlich noch lesen? Was soll ich für die Kinder oder die Nachwelt aufheben? Brauche ich mehr als 20 Jacken, Schuhe, Hosen, Socken oder T-Shirts? Schaffe ich es mit Hundert (oder doch besser Tausend) Gegenständen auszukommen? Fühle mich mit jedem Teil, das ich wegwerfe oder herschenke besser. Mir fällt es unheimlich schwer einen Plan zu entwickeln, welche Dinge ich noch aufheben soll und welche Dinge besser aus meinem Leben verschwinden.

Monat 2 oder irgendein anderer

Nach dem Herzinfarkt darf ich nun Herzensfreude erleben: Tochter Nummer Zwei kommt gesund und munter zur Welt! Während ich bei Tochter Eins noch ziemlich unsicher war, wie ich mit der Rolle als Vater zurechtkommen werde und die Geburt selbst kein Sonntagsspaziergang war freue ich mich jetzt ausnahmslos diesen Moment miterleben zu dürfen. Und tatsächlich: Die Geburt verläuft deutlich einfacher als beim ersten. Ich empfinde eine riesengroße Freude, Nachdem mich dadurch auch die Lebensfreude wieder gepackt hat, beschließe ich – wie von den Ärzten empfohlen – einen Kardiologen aufzusuchen. Der soll herausfinden, ob bleibende Schäden am Herzmuskel erkennbar sind und mich entsprechend medikamentös einstellen. Ich habe das bislang hinausgezögert mit der Befürchtung mich künftig ausschließlich von Tabletten ernähren zu müssen. Doch jetzt habe ich die Hoffnung, dass sich meine innere Freude auch auf alle Herzmuskeln überträgt. Für die Untersuchung steht zunächst ein Belastungs-EKG auf dem Fahrradtrainer an. Auf die Frage, wie fest ich treten soll erwidert die Arzthelferin nur ein verschmitztes Lächeln mit dem Satz „Schauen Sie mal, ob Sie überhaupt das Ding zum bewegen bekommen bzw. länger als 30 Sekunden durchhalten!" In dem Moment war ich so sauer, dass offensichtlich am Ende ein Hometrainer entscheiden darf, dass ich mein Leben lang irgendwelches Zeugs zu schlucken habe. So nicht. Nachdem das letzte Kabel angeschlossen war, beginne ich sofort wie ein Verrückter zu treten, als ob tatsächlich mein künftiges Leben davon abhängt. Das Lächeln der Arzthelferin wechselt von einem zunehmend gequälten Lächeln über zu einem offenen Mund, der dann erst sprachlos zuschaut um dann schließlich STOP STOP, das reicht brüllt. Sie haben ohnehin schon einen neuen Rekord aufgestellt. Ich versuche mir nicht anmerken zu lassen, dass ich fast keine Luft mehr kriege und ich mich nicht entscheiden kann, ob mir jetzt gleich schlecht oder schwarz vor Augen wird. Ich presse ein kurzes „war das o.k.?" heraus, worauf hin die Dame mir attestiert, so schnell war noch keiner vorher unterwegs.

Auch der Arzt kann bei der anschließenden Ultraschalluntersuchung keine Komplikationen erkennen. Ich beschließe ab sofort auf die Einnahme weiterer Medikamente zu verzichten und hebe als Ausgleich mein mir selbst auferlegtes Alkoholverbot auf. Wer bitteschön soll oder kann besser auf seinen Körper hören als ich das tue? Und ein Gläschen am Abend ist doch der ideale – in jedem Fall gesündere - Blutdrucksenker! Und das Beste ist: Ich brauche nur dann wiederzukommen, wenn Beschwerden auftreten!

Monat 3 oder irgendein anderer

Merke wie in meiner Gedankenwelt zunehmend eine win-win-Situation heranreift. Anlässlich der Geburt meiner zweiten Tochter habe ich bereits im Jahr zuvor mit meinem Arbeitgeber vereinbart, ab da nur noch 30h zu arbeiten. Eine im Nachhinein geniale Entscheidung. Gleichzeitig genieße ich die Zeit mit meinen Kindern sowie die völligen Abwesenheit des Gefühls, auch nur im Ansatz irgendetwas anderes – persönliches - in meiner Freizeit noch erledigen zu müssen. Das Gefühl, nichts zu tun ohne dass auch nur der Hauch von Langeweile aufkommt erfüllt mich immer mehr. So muss sich Meditation in Vollendung anfühlen, ich könnte Tage damit verbringen einfach nur den Kindern beim was auch immer tun zuzuschauen. Sofern zumindest kein Windelwechsel ansteht. Oder sich nachts eine von beiden doch für schreien statt schlafen entscheidet. Mein Hausarzt erlaubt mir, mit dem Radfahren wieder anzufangen, sofern keine Beschwerden auftreten. Sein Spruch: Sport ist gut – nur nicht gleich übertreiben!

Monat 4 oder irgendein anderer

Fahre dieses Jahr mit dem Rad die Transalp, die ich sonst jedes Jahr eine Woche lang mit meinen Freunden zurücklege, nur an zwei Tagen – genauer gesagt an eineinhalb Tagen - mit. Diesmal mit Start in Oberstdorf – gleich am Anfang mit schmackigen Trage- und Schiebepassagen über den Ofen-Pass. Ich bin erstaunt, wie gut ich schon mithalten kann. Am nächsten Tag kehre ich vormittags (alleine) um und habe das Gefühl, dass in einigen Herzmedikamenten auch Dopingmittel (daher der Name Dopamin?) enthalten sind. Wie in Trance fahre ich die Pässe nonstop rauf und runter ohne auch nur einmal für eine obligatorische Trinkpause oder einen Jackenwechsel anzuhalten. Mein Rad kommt mir leichter vor als sonst und auch die Landschaft noch schöner. Auch der leichte Nieselregen macht mir nichts aus, im Gegenteil er erweist sich als angenehme Kühlung. Mir kommt es vor, als ob mein Körper die ganze Zeit irgendwelche Glückshormone ausschüttet. Soll ich anfangen, Chemie zu studieren?

Monat 5 oder irgendein anderer

Ich fange langsam an, so richtig Freude an meinem neuen (zweiten?) Leben zu empfinden. Das geht sogar so weit, dass ich mir schon ernsthaft Sorgen mache, ob ich ganz beiläufig verrückt werde. Kann es sein, dass ich am Ende nicht nur geschockt, sondern sogar dankbar bin, was mir da passiert ist? Hat das Schicksaal eine Botschaft für mich parat? Ich ertappe mich, dass ich immer mehr als Tagträumer unterwegs bin ohne Plan und Ziel. Auch interessieren mich gewisse Dinge wie neue Autos/Handys/Technik/Geld usw. im Augenblick nicht mehr, stattdessen achte ich darauf wann die Sonne auf- und untergeht bzw. welche Blätter schon grün sind. Im Postkasten finde ich einen Brief meiner Krankenkasse; Sie lädt mich ein aufgrund meiner Krankheit ein – so viel zum Thema Datenschutz – diverse Kurse zu besuchen. Diese richten sich an Herz-Kreislauferkrankte und haben folgende Themen; „Lernen Sie wieder alleine Treppen steigen" oder „Nordic Walking – wie Sie die Stecken auch als Gehilfe einsetzen".

Monat 6 oder irgendein anderer

In meiner Verwandtschaft wird ein Knochenmarksspender gesucht. Erfahre dabei, dass ich mit meiner „Vorerkrankung" außer meinen Organen nichts mehr spenden darf. Bin ich auf einmal nur noch B-Ware? Nein nein, es ist nur so dass die Ärzte hier kein unnötiges Risiko eingehen dürfen. Aha. Ich bin damit also ein Risikofall! Muss ich daher auch aufs Autofahren verzichten? Schließlich könnte mir das doch jederzeit wieder passieren. Nehme mir vor, meinen verbleibenden Herzmuskel weiter zu stärken – aber wie? Ein Freund frägt mich, ob ich mit ihm mal Joggen gehen würde. Mal schauen antworte ich. Bislang bin ich gerade mal 100 Meter zum Bus gelaufen, Jogger waren mir eigentlich immer suspekt. Wie kann man schon früh am Morgen total verschwitzt durch die Straßen flitzen, anstatt jede mögliche Sekunde mit Schlaf im Bett zu verbringen? Laufen diese Menschen am Ende nicht freiwillig sondern aus Buße, weil Sie in Wahrheit schlechte Menschen sind?

Fange anscheinend seitdem an, bewusst Jogger genauer zu beobachten. Auffallend ist, dass es hier offensichtlich folgende Kategorien gibt: Alleinläufer oder Gruppenläufer. Sehr gut aussehende und solche, die durch das Laufen hoffen so mal zu werden. Bzgl. Outfit ist anscheinend alles – eindeutig zuviel - erlaubt. Wer jemals an einem Sport-Scheck-Lauf teilgenommen hat muss das auch mit einem orangenen Shirt zeigen. Wie unterschiedlich Temperaturen wahrgenommen werden zeigen Kurzhosenläufer im Winter neben älteren Herren mit der Kombination aus Skimütze, Jogginghose und Anorak. Für mich steht damals fest: So wie die möchte ich nie werden.

Monat 7 oder irgendein anderer

Merke, dass ich mich gedanklich immer weiter von meinem Kollegen- wie auch Freundeskreis entferne. Gefühlt von fast allen Menschen um mich rum, außer meiner Familie. Schlimm ist dabei die Erkenntnis, dass ich mittlerweile mit vielen Sorgen, Gefühlen und Ängsten anderer nichts mehr anfangen kann. Es interessiert mich nicht, was passiert wenn ich in Rente bin oder selbst was in den nächsten 10 Jahren sich alles ändert. Mein persönlicher Zeithorizont über den ich mir Gedanken mache schrumpft auf wenige Wochen oder Tage. Frage mich ob ich nicht alle Versicherungen kündigen soll. Wozu eine Altersvorsorge, wenn ich nie alt werde? Mit vielen Gesprächsthemen kann ich gar nichts mehr anfangen, andere machen mich eher wütend: Habt ihr denn gar keine anderen Sorgen? Merkt ihr nicht, wie ihr eure Zeit mit –aus meiner Sicht - sinnlosen Ängsten und Sorgen verbringt, anstatt Sie einfach nur zu genießen? Ist das wirklich wichtig für euer Leben? Was mich beunruhigt ist die Tatsache, dass alle ja wie immer sind und ich es ja bin, der auf einmal anders denkt. Stelle dabei fest, dass es praktisch auch anscheinend keine Gleichgesinnten gibt oder geben kann um sich auszutauschen. Sollte ich einen Annonce aufgeben: Suche 30-40 Jährige mit Herzinfarkt zur Gründung einer Selbsthilfegruppe? Brauch ich überhaupt Hilfe – mir geht es ja hervorragend? Oder müssen alle anderen auf der Welt eigentlich mal zur Therapie?

Ich lese, dass die Allianz-Versicherung weltweit Lebensversicherungen verkauft – nur keine einzige in Russland. Generell sind in Russland

nur wenige Menschen bereit, überhaupt eine Versicherung abzuschlie-
ßen. Schließlich kommt aus Russland das Sprichwort: Lebe jeden Tag so,
als wäre es dein letzter. Dass viele (männliche) Russen sich daran halten,
zeigt die Lebenserwartung, die für Männer vergleichsweise niedrig liegt,
bei Frauen durchaus mit unserer vergleichbar ist. Wer einmal in Russ-
land Urlaub bei Freunden gemacht hat, wird das nie vergessen oder wie
ich sich nicht mehr daran erinnern.

Monat 8 oder irgendein anderer

Jetzt wird es ernst. Mein Freund überrumpelt mich mit dem Hinweis, morgen gehen wir gemeinsam Laufen. Er hat das jetzt schon ausprobiert, ich würde das locker schaffen. Ich hole meine noch verpackten Laufschuhe vom Aldi aus dem Keller und ziehe mir irgendein Baumwoll-T-Shirt an. Wir laufen beim ersten Mal gleich 10 km am Stück. Ich bin k.o., klitschnass aber irgendwie überrascht, dass ich dazu überhaupt in der Lage bin. Was ich da noch nicht weiß: Es ist der Beginn einer wunderbaren Hass-Liebe zwischen meinem Ego und dem Thema Laufen. Meine Mädels und ich machen gemeinsam mit unserem Hund die Gegend unsicher. Während die Ältere mit drei nun das (Lauf-)Radfahren beginnt und daraufhin alle Rentner den Gehsteig wechseln, folgen wir unauffällig in den freigeräumten Gassen mit dem Kinderwagen. Im Augenblick gibt es nichts Schöneres für mich als ein junger Familienvater zu sein. Am liebsten würde ich die Zeit anhalten. Sogar ein Wiesenbesuch ist mit beiden schon möglich. Sonne - Hendl - Bier. Kann das Leben schöner sein?

Monat 9 oder irgendein anderer

Das Laufen macht mir jetzt sogar Spaß. Das liegt vor allem daran, dass die Erfolgskurve – wenn man wie ich bei minus 100 anfängt – am Anfang natürlich extrem nach oben geht. Eine Stunde laufen ist nun locker drin, und ich habe Augen für den schönen Herbstwald. Kann mich sogar motivieren, auch alleine zu laufen. Statt eine Stunde zu verplempern, habe ich jedes Mal das Gefühl ich bekomme eine Stunde geschenkt, um mit mir alleine zu sein.

Interessanterweise gehen mir dabei die absurdesten Sachen durch den Kopf. Ich kenn das noch von früher vom Motorradfahren. Nur dass jetzt der Straßenverkehr einen nicht mehr ablenkt. Werde ich langsam auch ein Jogger?

Monat 10 oder irgendein anderer

Weihnachten steht vor der Tür. Während mir das früher mehr oder weniger egal war, freue ich mich richtig darauf. Wie oft werde ich Weihnachten noch erleben? Wird Schnee liegen? Doch der Winter lässt sich Zeit. Wir gehen bei gefühlt 20 Grad kurz vor Weihnachten noch in den Tierpark. Und obwohl ich da schon gefühlt 20 Mal war, kommt mir auch jetzt alles viel schöner vor. Oder sehe ich nur die Welt mit anderen Augen? Kurz vor Weihnachten fängt es tatsächlich noch zu schneien an und wir stapfen durch den Schnee zu meinen Eltern. Sylvester feiern wir zuhause. Ich wünsche mir für das neue Jahr, dass alles so bleibt wie es ist.

Jahr 1 meines neuen Lebens oder irgendwann später …

Ich hatte ja erst vor einem Jahr hoch und heilig versprochen, jeglichen Rat der Ärzte superpenibelst zu befolgen. Nachdem ich bereits meinen Medikamentenplan leicht modifiziert habe, so wollte ich zumindest eine Zusage einhalten: Jedes Jahr sollte ich erneut zur Kontrolle erscheinen, ob mein Stent noch richtig sitzt. Ich fahre in das Klinikum mit sehr gemischten Gefühlen; werden die merken, dass ich meine Medikamente abgesetzt habe? Was können die noch für schlimme Sachen herausfinden? Auf dem Behandlungstisch wechselt mein Gefühl von mulmig auf bizarr. Ich werde von einem außerordentlich jungen Arzt behandelt, der mehr braungebrannt ist als jeder andere Mensch, den ich bisher gesehen habe. Diese – ich nenne ihn nachfolgend Rothaut – kann nicht eine Sekunde seines Studiums im Hörsaal verbracht haben, sondern die letzten 20 Jahre unter der Sonne von St. Tropez. Um alle Klischees zu erfüllen ist Rothaut anscheinend auch der Liebling der anhimmelnden Schwestern. Hinzukommt dass eine davon Geburtstag und einen Kuchen mitgebracht hat. Somit stehen im Behandlungsraum – das Wort OP-Saal ist denke ich nicht mehr angebracht – Kuchenteller rum und ich bin von mampfenden Menschen umringt, die mir nebenbei einen Katheder einführen. Der Arzt findet in Rekordzeit heraus, dass alles passt, er will sich offenbar lieber möglichst rasch den Schwestern oder dem Kuchen hingeben – oder beiden. Ich werde mit Sandsack und dem Hinweis hinausgebracht: Auf keine Fall bewegen! Werde das Gefühl nicht los, hier nicht einen lebensgefährlichen Eingriff überstanden, sondern einem Kaffeekränzchen oder Medizinerhappening beigewohnt zu haben. Ich will gar nicht wissen, was die danach noch für Untersuchungen und Behandlungen durchgeführt haben.

Das Thema Nachuntersuchung ist seitdem für mich Geschichte.

Beim Laufen mache ich große Fortschritte. 10 km stellen kein Problem dar und ich mache bei einem Volkslauf mit. Anders als sonst laufe ich gleich nach dem Start los, als hätte ich gerade eine Bank überfallen. Ich halte zu meiner eigenen Verwunderung das Tempo bis ins Ziel durch. Es fühlt sich verdammt gut an fit zu sein. Merke wie das sich auf meine Psyche auswirkt. Der Spruch stimmt erstaunlich gut für mich: ein gesunder Geist steckt in einem gesundem Körper. Und das alles, nachdem ich fast jeden Freitag auf das Gegenteil hingearbeitet habe.

Das Jahr hat noch zwei weitere schöne Ereignisse für mich vorgesehen: Wir sind auf eine Hochzeit in Kalabrien eingeladen und natürlich die WM daheim. Die Fahrt nach Kalabrien machen wir mit dem Auto und damit es nicht zu heiß wird beschließen wir, abends los- und die Nacht durchzufahren. Mit dem Fahren und Schlafen würden wir uns abwechseln. Stelle fest dass ich anders als früher in unbequemen Stellungen nicht mehr schlafen kann und bin zum zweiten Mal in meinem Leben 30 Stunden am Stück so was ähnliches wie wach. Anders als bei meinem Wachkoma im Krankenhaus hat es hier fast 40 Grad im Schatten. Nachdem alle im Auto dösen stelle ich mir vor, wie das so ist wenn mir jetzt auch noch die Augen zufallen und wir bei Tempo 120 testen wie stabil so eine Leitplanke sein kann. Bin ich jetzt „lebensmüde"? Zum Glück kann die wunderschöne Landschaft verhindern, dass ich nicht wegdämmere. Die Hochzeit selbst wird zur schönsten die ich jemals erlebt habe. Eine Mischung aus Burg und Schloss – unmittelbar am Meer gelegen. Dort angekommen verbringen wir bei mindestens 12 Gängen rund sechs Stunden ausschließlich mit Essen. So geht feiern! Auf der Rückfahrt habe ich vor Rom die grandiose Idee, irgendwo am Dorfrand in einer Wiese unser Zelt aufzuschlagen. Der freundliche Polizist der vorbeikommt hat nichts dagegen, meint aber dass wir spätestens in den nächsten 30 Minuten überfallen und ausgeraubt werden. Neben Bargeld und Wertsachen wäre evtl. auch das Auto weg. Aber keine Sorge: Hund, Kinder und Zelt würde die Mafia nicht anrühren, wenn ich mich kooperativ verhalte. Wir übernachten stattdessen in Rom auf einem der schönsten Campingplätze Italiens und werden dennoch beklaut.

Der Ausgang der WM ist denke ich bekannt. Als positiv bleibt mir in Erinnerung, dass in dieser Zeit ein gebrauchtes Mountainbike-Fully für ein Taschengeld in einer Zeitung inseriert war. Anscheinend haben alle zu dieser Zeit nur den Sportteil gelesen, so dass ich seitdem stolzer Besitzer eines vollgefederten Rades mit Bremsen bin, die einem Wurfanker gleichen. Weiß jetzt gar nicht mehr, was mir seitdem mehr Spaß macht: Radeln oder Laufen. Entscheide mich für folgenden Kompromiss: im Sommer Radfahren – im Winter Laufen.

Das Rad ist der Hammer im Vergleich zu meinem alten Stahlrahmen-MTB. Abfahrten über schlimmstes Geröll gleichen auf einmal einer Fahrt wie auf Schienen (war bisher eine Handgelenksfolter), alle Unebenheiten werden glattgebügelt. Auch richtige Sprünge sind möglich. Ich werde später noch schmerzlich erfahren: Nicht aus jeder Höhe!

Jahr 2 meines neuen Lebens oder irgendwann später …

Die Sache mit dem Herzen habe ich mittlerweile so gut wie vergessen. Gut – ab und zu liege ich noch nachts wach und alles läuft erneut vor meinen Augen ab – das war es dann aber auch. Meine ältere Tochter steht mit fünf Jahren zum ersten Mal auf Skiern. Wir üben auf dem Berg hinterm Haus, jetzt weiß ich auch woher der Ausdruck Schlepplift kommt. Gehe zum ersten Mal in meinem Leben zu einem Kinderfasching vom katholischen Pfarramt. Seitdem habe ich den Beweis: Alkohol **ist** eine Lösung! Wer das Gegenteil behauptet hat da nicht teilgenommen.

Das mit dem Laufen hat zur Folge, dass sich mein Lebensweg aus meiner Sicht wie auf einer Spirale nach oben entwickelt. Nach meiner Krankheitsgeschichte fühlt es sich einfach fantastisch an, körperlich fit und gesund zu sein. Nach jedem Laufen – manchmal auch währenddessen – startet bei mir die Endorphin-Ausschüttung, die nicht tröpfchenweise sondern wie ein Wasserfall über mich hereinbricht. Gleichzeitig habe ich auch das Gefühl, geistig nicht mehr wie früher eher ab- sondern sogar aufzubauen. Mir fallen auch im entscheidenden Moment Sachen und insbesondere Namen wieder ein – auf diese Dateien in meinem Hirn hatte ich in der Vergangenheit immer nur schwer zugreifen können. Ich habe sogar das Gefühl, deutlich langsamer zu vergreisen. Als ob meine CPU ein neues update bekommen hat. Während sich in den letzten beiden Jahren oftmals Frust- und Depressionsgedanken in meinem Hauptrechner wie ein Virus eingeschlichen haben, sind diese wie durch ein Wunder vollkommen von meiner Festplatte gelöscht und durch positive Bilder ersetzt worden. Es ist als ob mir einer die Software „Fühl dich gut 2.0" aufgespielt hat.

Ich fange an, immer längere Strecken zu laufen. Im Frühjahr nehme ich an einem Halbmarathon teil.

Im Wonnemonat Mai geht ein lang gehegter Wunsch in Erfüllung: Ich und die beste aller Ehefrauen werden heiraten! Überreden kann ich meine Freundin mit dem Versprechen, nur im engsten Familienkreis ganz klein zu feiern (das war auch gut so!). Es sollte schließlich unser Tag sein. Entsprechend spät informiere ich meine Freunde, die mich am Vorabend – ohne jegliche Grundlage – zu einem Junggesellenabschied entführen. Ich habe noch nie in so kurzer Zeit so viel billigen Fusel getrunken. Danke nochmal euch allen für das fürsorgliche abfüllen! Ihr habt da einen prima Job gemacht! Keine Ahnung wann und wie ich nach Hause gekommen bin. Als mich meine künftige Frau nach gefühlt zehn Minuten Schlaf (Delirium?) weckt, habe ich die Kopfschmerzen meines Lebens und einen Mundgeruch wie eine Tankstelle. Auf dem Standesamt habe ich immer noch Schwierigkeiten mein Gleichgewicht zu halten. Aber zum Ja-Sagen reicht es noch. Mit meinem billigen Anzug und der schlecht sitzenden Krawatte schaue ich aus wie ein billiger Vorstadtcasanova. Oder wie ein Vorwerkvertreter. Mit dem Unterschied dass ausgerechnet heute auch noch bad hair day bei mir angesagt ist. Ich hätte mich doch besser mal im Spiegel anschauen sollen – obwohl ich dann wahrscheinlich zu Hause geblieben wäre. Spätestens die eigene Hochzeit ist doch einmal eine gute Gelegenheit, auch auf sein Äußeres besser zu achten. Doch ich lasse auch die Gelegenheit verstreichen. Meine Frau hingegen schaut in ihrem Kleid einfach nur bezaubernd aus. Die Haare! Das einnehmende Lächeln! Was für ein hübsches Gesicht! Das Kleid! Dieses Dekolletee! Außenstehende würden wahrscheinlich denken: Er hat alles richtig gemacht. Was kann Sie hingegen an diesem Trottel nur finden? Danke mein Hase, dass du mich trotzdem geheiratet hast. Es wird noch ein ganz wunderbarer, sehr heißer Tag. Wusste gar nicht, dass Mineralwasser mit Zitrone so gut schmecken kann. Wird mein neues Lieblingsgetränk. Die Hochzeitsnacht schaut so aus, dass ich daheim sofort einschlafe. An etwas anderes kann ich mich zumindest nicht mehr erinnern.

Für die Hochzeitsreise haben wir uns ein Wohnmobil gemietet, mit dem wir in die Toskana fahren. Genial. Es wird der perfekte Urlaub. Gerade die Kinder haben eine Riesenfreude an den Stockbetten, dem Alkoven, den Leitern die sich ideal zum Klettern,

Springen und Verstecken eignen. Nur dumm dass die Stabilität des Mobiliars dafür nicht ausgelegt und auf Leichtbau getrimmt ist. Daheim angekommen habe ich das Gefühl irgendeine Rockband war hier unterwegs. Ich kann meine Bastel- und Klebekünste unter Beweis stellen.

Im Sommer will ich dann mit meinem neuen Rad endlich wieder eine Alpenquerung fahren. Dank der Federung wird das diesmal bestimmt eine Kaffeefahrt. Bevor wir losfahren teste ich noch auf einer kurzen Runde durch den Wald wie gut die Gepäcktaschen vorne am Rad halten, da sehe ich ein paar Rampen an einem Hügel, die anscheinend kürzlich von downhill-Fahrern angelegt wurden. Da will ich doch gleich mal Wissen wie gut meine Federung damit klar kommt und fahre gleich auf die höchste Rampe. Anders als im Fernsehen – zugegeben bin ich auch langsamer unterwegs - falle ich von der Rampe runter wie ein nasser Sack und zu meiner Überraschung mit dem Kopf voraus. Nur dem weichen Waldboden habe ich es zu verdanken, dass ich mir nicht auf der Stelle das Genick breche. Im Gegensatz zu meinem Hirn scheinen auch meine Reflexe noch gut zu funktionieren. Instinktiv drehe ich den Kopf weg und die Schulter damit nach vorne. Die darf dann fast alleine mit meinen Händen den Aufprall abfangen – für was Sie nicht wirklich gemacht ist. Als ich wieder aufstehe, schauen mich meine Mitfahrer kreidebleich an. Ich selbst merke da noch gar nicht, dass ich meine rechte Hand nicht mehr bewegen kann und meine rechte Schulter sich seltsamerweise in etwa auf Höhe der Brustwarzen befindet. Hoppla, habe ich mir etwa selber die Schulter ausgekugelt? Da ich selbst noch unter Schock stehe bin ich zumindest in diesem Moment relativ Schmerzfrei. Nur gut, dass in fünf Kilometer Nähe ein chirurgisches Krankenhaus steht. Den Einwand, ich sollte besser den Krankenwagen nehmen, schlage ich aus und steige stattdessen gleich wieder aufs Rad. Freihändig Radfahren ist schließlich meine Spezialität, da sollte das mit einer Hand doch kein Problem sein! Stimmt auch, solange man nicht bremsen muss!

Im Krankenhaus dann die gute Nachricht: Ja, das kann operiert werden. Schließlich sind nur drei von vier Bändern abgerissen (TOSSI 3 oder waren es zwei von drei?). Die schlechte: operiert wird allerdings erst wieder übermorgen. Bis dahin bekomme ich Schmerztabletten. Damit der rechte Arm nicht planlos irgendwo rumbaumelt bekomme ich eine Schiene und eine Schlinge um den Hals. Am besten jetzt zwei Tage nicht bewegen. Auf die Frage, wie ich jetzt nach Hause komme antworte ich wahrheitsgemäß dass meine Freunde draußen auf mich warten. Das heimradeln klappt Dank der Schmerztabletten recht gut. Als meine Freunde mir sagen, dass sie noch in den Biergarten gehen überlege ich für einen kurzen Augenblick noch mitzukommen. Stattdessen fahre ich heim zu meiner Familie und erzähle etwas von einem kleinen Hügel und leichten Blessuren. Ich will ja nicht dass sich hier jemand unnötig Sorgen macht.

Ich weiß da noch nicht, dass ich für die nächsten sechs Wochen meine rechten Arm gar nicht und danach nur eingeschränkt nutzen kann. Mein Lieblingsspruch seitdem: Das mach ich doch mit Links!

Dank der Schmerzen in der Schulter, die jetzt richtig heftig werden ist auch in dieser Nacht an Schlaf nicht zu denken. Und damit rattert auch mein Gehirn los, wie schon einmal eine Antwort auf folgende Frage zu finden. Warum? Genauer gesagt: Warum bin ich so bescheuert? Geht es mir jetzt schon wieder so gut, dass ich mir jetzt schon selber einen Schaden zufügen muss? Bin ich am Ende Masochist? Oder noch Herr meiner Sinne? Oder beides: bescheuert und abnormal? Eine echte Antwort werde ich nicht finden. Die Operation selbst verläuft gut, zumindest habe ich während der Narkose so richtig tief und fest geschlafen. Mit dem Nachlassen der Narkose nehmen jedoch im Gegenzug die Schmerzen erheblich zu. Ich klingele stündlich nach der Schwester und bettele nach weiteren Schmerztabletten. Doch im Vergleich zu meinen Bettnachbarn geht es mir noch richtig gut. Die sind teilweise zum xten Mal da, wegen Kreuzbandriss im Knie usw. Für Sie steht die Diagnose im Raum, dass Sie nie wieder gewisse Sportarten ausüben können und für immer in Ihrer Beweglichkeit eingeschränkt bleiben werden. Bei mir besteht zumindest die Hoffnung, dass idealerweise die Beweglichkeit zu 100 Prozent wieder hergestellt werden kann. Unsicherheiten bestehen nur, ob ich dauerhaft schmerzfrei sein kann, bzw. bei/nach gewissen Belastungen (schwer Heben, Tennis usw.) verstärkt Schmerzen auftreten werden.

Auch hier sollten die Ärzte Recht behalten.

Bereits im Krankenhaus wird mit der Krankengymnastik begonnen. Dabei realisiere ich erst jetzt, dass ich meinen gesamten rechten (!) Arm gerade mal zwei bis drei (!) Zentimeter bewegen kann. Lediglich die Hände können schon vereinzelt etwas greifen. Bereits nach wenigen Tagen fehlt mir die Kraft mehr mit meinem Arm zu tun. Ich komme mir vor, als wäre ich ab der Schulter abwärts „gelähmt". Mein Hirn sagt zwar beispielsweise wie immer: aufstehen, Schuhe anziehen und dann ab ins Bad. Passieren tut aber im rechten Arm: Nichts. Aber auch gar nichts. Da hilft kein Wille und noch so anstrengen – es bleibt einfach beim nichts. Und damit werden schon die einfachsten Sachen zum Problem. Aufstehen, Schuhe binden usw. Das geht auf einmal nicht mehr. Zwar ist ein Arm besser als gar keiner. Merke aber erst jetzt, dass anscheinend unsere Welt ausschließlich für Rechtshänder gemacht wurde. Richtig schlimm wird es erst, als ich das Krankenhaus verlasse. Denn da waren noch überall Griffe, das Trapez überm Bett (weiß jetzt auch wozu das da ist) bzw. ein Schwester die einem weiterhelfen kann. Doch das alles fehlt daheim. Ich bin zwar erstmal für rd. 4 Wochen krankgeschrieben, würde aber lieber gesund zur Arbeit gehen. Und das schlimmste ist, dass ich außer Krankengymnastik auch nichts anderes machen darf, geschweige denn kann. Und mir bleibt wieder jede Menge Zeit zum Nachdenken. Was will mir das Schicksaal damit sagen? Wie gut es einem Herzinfarktpatienten geht- im Vergleich zu anderen die einen Arm oder ein Bein verloren haben? Oder beides? Dass im Leben nichts – aber auch gar nicht wichtiger sein kann wie Gesundheit? Dass es im Leben nichts Schöneres geben kann als schmerz- und beschwerdefrei zu sein? Dass ich ein verdammter Idiot bin das nicht schon eher erkannt zu haben? Dass es so viel Not und Elend auf der Welt gibt aber ich früher ein Problem damit gehabt habe, dass in Deutschland so wenig die Sonne scheint? Muss ich mein Leben radikal umstellen oder wie werde ich endlich normal?

Zum Glück macht die Behandlung Fortschritte. Jeden Tag schaffe ich es meinen Arm einen Zentimeter weiter zu bewegen. Nach rund 6 Wochen bin ich schon in der Lage, meinen Arm bis auf Höhe der Brustwarzen anzuheben. Bisher habe ich meinen Mädchen immer die Schuhe zugebunden. Jetzt frage ich Sie, ob Sie das auch für mich machen können. Klappt nicht wirklich, ab sofort bin ich nur noch in Crocks unterwegs. Eine ganz neue Erfahrung für mich ist es praktisch bei allem auf fremde Hilfe angewiesen zu sein. Bespiele gefällig? Klar geht auch ein Biertrinken mit links – wenn einer vorher die Flasche öffnet. Oder das Schnitzel im Teller – gut wenn es jemand klein schneidet. Nagel in die Wand schlagen oder Schrauben mit dem Akkuschrauber eindrehen. Nur mit Links eine echte Herausforderung. Anziehen, Waschen, Frühstücken, Zahnpasta auf die Zahnbürste auftragen – alles ganz neue Herausforderungen. Ich komme mir vor wie ein Pflegefall. Und das mit 37. Immerhin werden nach sechs Wochen die Schrauben und Schienen entfernt (noch ein OP) und ich darf ab sofort meinen Arm auch über Schulterhöhe anheben. Kann ich aber nicht. Noch nicht. In jedem Fall eine interessante Erfahrung ein zweites Mal im Leben profane Dinge wie heben, greifen, werfen usw. erneut zu lernen. Zum Glück habe ich eine sehr gute Krankengymnastin die mich nach drei Monaten wieder „herstellt". Und ich konnte viel Zeit mit meiner Familie verbringen. So gut wie früher kann ich zwar Arm und Schulter nicht mehr bewegen, aber ich bin mehr als zufrieden ohne einen echten bleibenden

Schaden davongekommen zu sein. Ich fange auch wieder mit dem Joggen und Radfahren an – und ich merke dass ich deutlich vorsichtiger unterwegs bin. Ich will mein Schicksaal auf keinen Fall ein zweites Mal herausfordern.

Jahr 3 meines neuen Lebens oder irgendwann später …

Das mit dem Laufen wird fast zu einer Art Sucht. Da es mir dadurch immer besser geht laufe ich immer öfter und immer weiter. Das führt jetzt dazu, dass ich mich mit meinem Freund in Freiburg in einem Marathon Startblock befinde. Auf uns warten 42 Kilometer, 42 Bands und ein ordentlicher Muskelkater. Ab Kilometer 30 lerne ich was es heißt, mit Schmerzen umzugehen. Oder was es heißt, wenn jeder Muskel im Körper einen verzweifelten Notruf absetzt, man möge diesen Unsinn doch bitte beenden. Im Ziel weiß ich gar nicht was ich denken oder empfinden soll: Einerseits tut mir jeder, absolut jeder Muskel (und der Mensch hat viele davon) weh. Der Endorphin-Tsunami bewirkt aber andererseits, dass ich sowas wie Schmerz und Glück gleichzeitig empfinden kann. Werde ich jetzt auch noch schizophren?

Im Mai fahren wir noch mal mit dem Wohnmobil in die Toskana. Während ich früher darauf bedacht war, immer neue Erfahrungen zu machen und daher auch nach Möglichkeit stets neue Länder zu bereisen, hat sich das zum genauen Gegenteil entwickelt. Ich bin mit meiner Familie und meinem Leben im Augenblick derart glücklich und zufrieden, dass ich darauf bedacht bin das alles so bleibt wie es ist. Zweimal den gleichen Urlaub zu machen hat sich aus meiner Sicht als richtig erwiesen, da sich schöne Augenblicke durchaus wiederholen lassen. Statt Langeweile stellt sich noch intensiver das Gefühl von Genuss und Entspannung ein.

Das Leben für den Augenblick hat auch seine Tücken. Meine Motivation, Dinge in meinem Leben – auch Sachen die schlecht laufen – zu ändern geht teilweise gegen Null.

Im Juli starten wir – ich mit meinem neuen Rad – die Alpenquerung diesmal mitten durch die Dolomiten. Mit heilig Kreuz passieren wir einen magischen Ort, der eigentlich nur aus einem Gasthaus mit Nebengebäude und einer Kirche besteht und vor einer gigantischen Felswand errichtet wurde. Er ist nur zu Fuß oder mit einer Seilbahn erreichbar und befindet sich auf über 2000 Meter Höhe mitten in einer großen Blumenwiese mit Ausblick auf die 3000 Meter-Wände Sella und Marmolada unmittelbar gegenüber. Bei Sonnenuntergang reflektiert ein feuerrotes Licht die hinter uns fast 1000 Meter aufragende Felswand und wie durch Zauberhand macht sich bei mir ein Gefühlsbad von Wärme und Gänsehaut breit. Ich bin von diesem Naturschauspiel total ergriffen. Bin ich jetzt im Paradies? Oder haben die mir irgendwelche Pillen in den Wein gemischt? So muss es sich anfühlen, im Rahmen der Bewusstseinsbildung den nächsten Level zu erreichen. Wer zum Meditieren nach Goa fährt weiß wahrscheinlich was ich meine.

In diesem Jahr werde ich endlich mit dem Ausbau unseres kleinen Dachgeschosses fertig. Vorbei die Zeit, in der wir zu viert – am besten noch mit Hund - in einem Ehebett die Nacht verbracht haben. Schlafen will ich das bislang nicht nennen. Das leere Kinderbett war aufgrund seiner Länge für mich auch keine echte Alternative. Ab sofort haben die Kinder je ein eigenes Zimmer und wir belohnen uns mit einem neuen Bett. Stelle fest, dass gut und fest zu schlafen das Zweitbeste ist, was einem im Leben passieren kann.

Jahr 4 meines neuen Lebens oder irgendwann später …

Heuer werden meine Frau und ich 40! Anders als bisher habe ich richtig Lust darauf das auch richtig groß zu feiern. Geradezu fürsorglich und rührend kümmere ich mich um das Wohlergehen unserer Gäste. Am Start ist ein Holzfass Augustiner Bier und ich bin stark verunsichert, ob der Anteil der Kohlensäure richtig dosiert und damit eine ansprechende Schaumkrone in jedem Bierglas vorhanden ist. Zur Sicherheit zapfe ich jeweils ein kleines

Glas vorweg und versichere mich persönlich ob die Qualität dieses Lebensmittels den hohen Ansprüchen unserer Gäste gerecht wird. Zu meiner Überraschung war das Fass doch recht schnell leer. Am nächsten Tag haben mir viele Gäste berichtet, dass es ein sehr langes und schönes Fest war. Ich selbst bin irgendwo am Lagerfeuer eingeschlafen – oder?

Den diesjährigen Marathon laufen wir in Wien. Was für eine Stadt! Wir reisen mit dem Zug an, in unserem Abteil sitzt uns ein junger DJ gegenüber der am Wochenende seinen ersten Gig hat. Er erfüllt alle Klischees, ist sichtlich nervös und er ruft in seiner Verzweiflung sein ganzes Telefonbuch an um sich aufmuntern zu lassen. Da das ihn nicht wirklich beruhigt, bestellt er beim Schaffner Unmengen Dosenbier, die er im Wechsel mit einer Literflasche Jägermeister runterspült. In Wien am Bahnhof angekommen wird er sichtlich nervös. Als er die vielen Bahnbediensteten, die in ihren Uniformen wie Polizisten aussehen sieht fängt er fast an durchzudrehen. Mir drückt er eine Art Filmdose mit den Worten „sei vorsichtig, da steckt der Satan drin!" in die Hand und verschwindet in der Menge. Der Marathon selbst lief hervorragend. Ich konnte meine Zeit sogar verbessern. Was war sonst in diesem Jahr?

Ich vergesse bereits unseren zweiten Hochzeitstag. An Pfingsten fahren wir wieder in die Toskana – diesmal auf einen Campingplatz. Und die Alpenquerung ist diesmal recht unspektakulär. Außer dass wir eines Abends die Dose geöffnet haben.

Jahr 5 meines neuen Lebens oder irgendwann später ...

In diesem Jahr erwarten uns/mich drei schöne Urlaube. Wir beginnen mit Zelten im Allgäu mit Freunden. Und erleben, welche gewaltigen Wassermassen dort in nur einer Woche niedergehen können. Dieses Starkregenereignis hat nicht nur zur Folge, dass es ungewöhnlich kalt ist. Hinzu kommt dass wir buchstäblich im Schlamm versinken. Zumindest bleibt der Gummistiefel der Kinder beim Verlassen des Zeltes einfach in der – ehemaligen

Wiese - stecken, die Kinder selbst müssen wie aus einem Moorsee oder einer Treibsandstelle gerettet werden. Das gute ist: Die Kinder fühlen sich – da wir mit vielen anderen Familien unterwegs sind - dennoch pudelwohl und wollen das jetzt ab sofort jedes Jahr machen.

Kinder zeigen einem, dass die Welt nicht bäh sein muss, nur weil es kalt ist und regnet. Mit den richtigen Freunden an der richtigen Stelle kann auch sowas Spaß machen. Alles eine Frage der Einstellung. Der Dauerregen wird uns noch viele Jahre beim Zelten begleiten, manchmal auch verbunden mit Hagel und Schneefall im Mai. Für die Stimmung kein Problem!

Die diesjährige Alpentour führt uns von München bis in die Schweiz. In der Uina-Schlucht haben Menschen extra einen Kilometerlangen Weg in einer Art Stollen mit Aussicht in den Fels getrieben, nur damit wir auch diese Stelle „erfahren" können. Unglaublich was die Schweizer alles unternehmen, um selbst die einsamsten Orte ihres Landes erlebbar zu machen. Am Jahresende verbringen wir unseren Urlaub wieder in der Toskana. Diesmal in einem freistehenden Rustico mitten in einem Olivenhain und einem Pool. Ich habe schon wieder das Gefühl, im Paradies gelandet zu sein.

Jahr 6 meines neuen Lebens oder irgendwann später …

Auch dieses Jahr besteht wieder aus den Ereignissen Laufen – Zelten – Alpenquerung – Toskana. Für mich der ideale Mix aus Sport und Erholung. Mir geht es so gut wie noch nie. Auch meine Woche folgt jetzt diesem Motto in der Regel im folgenden Rhythmus: Montag: Radfahren. Dienstag: Herrenabend. Mittwoch: Joggen. Donnerstag: Schafkopfen + Kickern. Das Wochenende gehört der Familie. Ich fange an auch alte Freunde wieder zu besuchen und Freundschaften zu pflegen. Mir geht es wieder so gut, dass ich aufpassen muss mit meiner guten Laune nicht anderen auf den Wecker zu gehen. Damit mein Gesundheits- und Geisteszustand sich nicht zu stark nach oben entwickelt, gehe ich auch Freitagabends immer öfter außer Haus. Wie konnte ich das früher nur aushalten? Wie blöd kann man sein im Leben? Muss immer erst etwas passieren, um zu Vernunft zu kommen? Ich fange wieder an Badminton zu spielen, wenn auch das mit meiner Schulter bei weitem nicht mehr so gut klappt wie früher. Meine Sachbearbeiterin der Krankenkasse ruft mich an. Sie will wissen, warum ich Ihr Angebot, eine Bewegungstherapie mit anderen Kreislauferkrankten durchzuführen, nicht wahrnehme. Ich versichere Ihr, dass ich mich über diese Fürsorge sehr freue. Der Grund warum ich nicht reagiert habe ist, dass ich für mich das Laufen und Radfahren ohne Hilfe der Krankenkasse entdeckt habe. Ich will daher den Platz besser anderen überlassen. Sie fragt: Was war denn Ihre längste Distanz beim Laufen? Ich antworte: Marathon. Sie sagt o.k., legt auf und ruft nie wieder an.

Jahr 7 meines neuen Lebens oder irgendwann später …

Unsere Tochter wird 10 Jahre alt. Wie die Zeit vergeht. Und es ist eine Freude zuzuschauen, wie gut Sie und Ihre Schwester sich entwickeln. Ansonsten verläuft das Jahr wie die meisten anderen. Nur mit dem Unterschied dass wir dieses Mal mit dem Wohnmobil in den Herbstferien in die Toskana fahren. Doch das Wetter ist zu kalt und die Tage sind doch schon recht kurz. Mein Bedarf, mal was Neues auszuprobieren ist für die nächste Zeit vorübergehend gedeckt.

Jahr 8 meines neuen Lebens oder irgendwann später …

In diesem Jahr laufen wir den Marathon in Treviso. Im Hotel lernen wir ein Gruppe Sizilianer – ebenfalls Läufer - kennen, die uns am Abend nach dem Lauf zu einem Bekannten mitnehmen der in einem Restaurant ein landestypisches Abendessen für uns vorbereitet hat. Das besteht aus einer Vorspeise, drei Hauptgängen sowie diversen Nachspeisen. Dazu wird aus Karaffen Wein und Prosecco gereicht – die stetig nachgefüllt werden. Da so ein Marathon durchaus hungrig und durstig macht essen und trinken wir Unmengen. Ich kann mich nicht daran erinnern vergleichbar gut gegessen *und* getrunken zu haben. Am Schluss wird überschlägig ein Gesamtbetrag ermittelt, der durch die Teilnehmer geteilt wird. Ich selbst könnte damit nicht einmal die Zutaten einkaufen. Wir dürfen auch kein Trinkgeld geben, da das bereits in die Berechnung mit eingeflossen ist. Danach gibt es noch eine weitere Kostprobe des weltbesten Proseccos. Dieser wird nicht im Lokal, sondern in Privaträumen gelagert. Danke Ihr Lieben – ein unvergessener Abend!

Bei einem Gegenbesuch in München versuchen wir den Abend mit Schweinebraten und Bier im Weissen Bräuhaus zu wiederholen. Auch gut, aber bei weitem nicht ebenbürtig!

Die Alpenquerung führt uns durch Bayern, Tirol, Schweiz (Engadin) und Südtirol (Vinschgau). Im Sommer machen wir Urlaub daheim. Unser Hund stirbt im September. Dafür kommen Laufenten und Katzen. Im Winter erfülle ich mir einen Traum und baue eine Gartensauna!

Jahr 9 meines neuen Lebens oder irgendwann später

Das Jahr fängt ja gut an. Am 1. Januar spiele ich am Abend nach langer Zeit wieder Mal Badminton - mit fatalen Folgen. In den nächsten Tagen bildet sich ein Tischtennisballgroßer Klumpen an meiner rechten Verse. In dem Krankenhaus, wo ich schon mit meiner Schulter in Behandlung war, rät man mir mich erst einmal eine Woche zu schonen. Da der Ball nicht weggeht gehe ich erneut zur Sprechstunde. Zufällig ist ein Spezialist zugegen, der die wahre Ursache diagnostizieren kann: Meine Achillessehne reibt an einer sog. Haglundverse (ein Überbein scheuert an meinen Sehnen – benannt nach seinem Entdecker). Dieses muss operativ entfernt werden. Der nächstmögliche OP-Termin ist Mitte Februar. Danach kann ich mein Bein zunächst gar nicht belasten, mindestens für 6 Wochen werde ich Krücken brauchen. es dauert mind. 3 Monate bis ich mein Bein wieder normal belasten darf.

Auch hier sollten die Ärzte Recht behalten.

Liebe Kinder, ich hoffe ihr habt nicht zu viel von meinen Genen abbekommen. Neben schlechten Zähnen und Augen, einem Defekt am Herzen und fünf Weisheitszähnen (die alle raus mussten) nun also auch noch eine Haglundverse. Aber die OP verläuft gut, nur habe ich danach deutlich mehr Schmerzen wie vorab. Die Klingel mit der man bei der Schwester Schmerzmittel ordern kann kenn ich ja schon. Beim Aufstehen soll ich penibelst darauf achten, nach Möglichkeit mit meinem rechten Bein nicht den Boden zu berühren. Denn das wäre sehr schmerzhaft. Tue ich auch. Eine Physiotherapeutin erklärt mir, wie ich meine Krücken zu benutzen habe. Immerhin schaffe ich schon ein paar Meter. Während das mit gesunden Beinen durchaus Spaß machen kann, wird das mit einem kranken Bein schlagartig unlustig. Ich kann jetzt einen echten und objektiven Vergleich ziehen, was schlimmer ist: Seinen rechten Arm oder sein rechtes Bein nicht bewegen zu können. Die Antwort lautet klar: Rechtes Bein! Das ganze Ausmaß zeigt sich schon im Krankenhaus. Ich will mit einem Rollstuhl einen Ausflug machen, vielleicht schaffe ich ja schon eine Runde um den Block. Alleine schon das Verlassen des Krankenhauses wird zum Problem: Treppe oder Rampe? Bei Rampen zeigt sich, dass ein Rollstuhl verdammt schlechte Bremsen hat. Erschwerend hinzukommt, dass auch ein Lenkrad fehlt. Wer glaubt, selbst geradeaus fahren wäre einfach soll das doch bitte mal selbst ausprobieren. Mir fällt auf, dass jeder Gehweg an jeder Garageneinfahrt abgesenkt ist. Das hat zur Folge dass ein Rollstuhl stets dieser Absenkung folgt, auch wenn beide Hände ihn geradeaus schieben (wollen). Ich fahre also stets runter vom Gehweg ohne das wirklich zu wollen oder beeinflussen zu können. Anstatt Kapitän bin ich nur ein Passagier. Dumm nur wenn ausgerechnet da ein Auto parkt. Dumm auch wenn da keines parkt, da man schnell mit einem Reifen im Rinnstein landet. Da der Rollstuhl dann ausgerechnet in Schieflage abrupt abbremst, fällt man fast aus dem Rolli da Haltestangen oder Gurte fehlen. Ich stecke fest und komme weder vorwärts noch rückwärts. So muss sich eine Schildkröte auf dem Rücken fühlen. Auch hier bin ich zunächst auf fremde Hilfe angewiesen. Ich hätte auf Verdacht (Marktlücke!) in meinem früheren Leben einen Rollstuhlkurs besuchen sollen, dann würde ich mich jetzt vielleicht nicht ganz so saublöd anstellen!

Nach sechs Wochen habe ich es einigermaßen raus. Hindernisse werden am besten mit Schmackes überwunden. Das erfordert aber viel Mut und kann ja auch mal schiefgehen.

Daheim zeigt sich dann das echte Problem von Krücken: zum Bedienen dieser braucht es nun Mal beide Hände. Klar. Das hat aber zur Folge dass z.B. ein Weißbier auf der Terrasse zum echten Problem wird. Zwei Finger können gerade den Öffner halten. Ein Glas oder ein Flasche: Unmöglich. Ganz falsch: Der Versuch etwas unter den Arm zu klemmen oder zwischen die Zähne. Das schaut nicht nur saublöd aus, sondern endet auch genauso. Ich bekomme den Tipp es wie ein Känguru zu machen: Hänge dir einen Beutel um, indem du alles was du so brauchen kannst einfüllst und dir um den Hals hängst. Ah – so geht das schon viel besser.

Ich bekomme wieder Krankengymnastik und lerne auch da (neu), mein Bein wieder zu bewegen. Eine Bekannte leiht mir ein Handbike (Eine Mischung aus Fahrrad und Rollstuhl, das mit den Armen angetrieben wird). Damit ist es mir möglich, schon weitere Strecken ohne fremde Hilfe zurückzulegen. Ich bin insgesamt sechs Wochen krankgeschrieben. Da ich nicht wirklich laufen kann, verbringe ich die meiste Zeit im Liegestuhl im Garten. Zuvor hat die Süddeutsche Zeitung mich angerufen und mir angeboten, für 6 Wochen mir die Zeitung täglich (und nicht nur am Wochenende) fast zum gleichen Preis zuzustellen. Der März wird zum wärmsten und trockensten seit Beginn der Wetteraufzeichnung. Damit verbringe ich täglich acht Stunden in der Sonne im Garten – einzige Abwechslung: Zeitungslesen. Das Leben kann so grausam sein. Wer behauptet Nichtstun wäre langweilig soll das mal ausprobieren. Nach drei Monaten kann ich schon wieder anfangen zu joggen.

Früher konnte ich kaum eine Stunde ruhig sitzen. Ständig hatte ich das Gefühl etwas erledigen, fertig oder besser machen zu müssen. Schön, wenn das Gefühl vollkommen entschwindet. Das schönste Geschenk für mich seitdem: Zeit zum Nichtstun – Entspannen – Nachdenken –oder die Familie .

Auch das mit dem Radfahren klappt erstaunlich schnell wieder gut – die Alpentour bringt uns bis zum Monte Grappa! Im Sommer verbringen wir den Urlaub in der Türkei. All inclusive bei 40 Grad im Schatten – und rd. 30 Grad hat das Meer. Hinzu kommt eine Bar am Strand. Angesichts der Not und dem Elend auf der Welt frage ich mich: Ist das jetzt dekadent? Egal – es war einfach nur schön!

Ich fühle mich so gut und würde gerne etwas davon an meine Mitmenschen abgeben. Ich nehme ein Ehrenamt an und muss feststellen, dass Hilfe nicht immer gewollt ist. Schließlich bin ich kein Sozialpädagoge und damit fachfremd. Ich soll doch besser die Arbeit den Profis überlassen und mich stattdessen um den Papierkram kümmern. Da alle bereits am Anschlag arbeiten, hat dafür sonst keiner Zeit. Ich frage mich: Kann ich dadurch wirklich die Welt besser machen? Zumindest mit einer Hausaufgabenbetreuung gelingt mir das im Ansatz.

Jahr 10 meines neuen Lebens oder irgendwann später …

Schon ein Jahr nach meiner OP kann ich wieder Marathon laufen. Danach wird auch Tochter Nummer zwei zehn Jahre alt. Die Alpenquerung führt uns über den Großglockner zu den drei Zinnen. Und den Sommer verbringen wir in der Toskana auf einem Reiterhof. Zum Schlafen stehen uns Baumhäuser zur Verfügung, das dazugehörige Grundstück ist fast zu groß, um es zu Fuß zu erkunden. Wir machen gemeinsam einen Reitausflug durch alte Korkeichenwälder. Sind wir schon wieder im Paradies?

Und nun? Ein Resümee:

Ich bin glücklich und dankbar. Darüber dass ich noch weitere zehn sehr schöne Jahre leben durfte. Am Anfang war ich geschockt und verunsichert, wie mein Leben wohl weitergeht. Dass es derart schön werden wird, habe ich mir nie erträumt. Interessant ist, dass es in Wirklichkeit nicht großartig anders als früher ist. Nur nehme ich das jetzt anscheinend aus einem anderen Blickwinkel wahr. Mit dazu beigetragen hat in erster Linie meine Frau. Danke für alles – ich würde dich sofort wieder heiraten. Und meine Kinder. Mit euch etwas zu unternehmen ist immer eine Freude – oder zumindest eine interessante Erfahrung. Ich habe eine ganz neue Beziehung zu meinen Eltern, Geschwistern und Freunden entwickelt. Was mir wahrscheinlich nicht gelungen ist, ist anderen von meiner Lebensfreude etwas abzugeben. Zumindest habe ich den richtigen Weg für mich hier noch nicht gefunden. Habt Ihr eine Idee?

Wie gesagt bin ich sehr zufrieden- alle Sorgen erscheinen wie weggeblasen. Mit dazu beigetragen hat vermutlich meine Krankheitsgeschichte. Somit – das klingt jetzt bescheuert – war es vielleicht sehr gut für mich - was mir alles passiert ist. Wie schön es doch sein kann, einfach nur gesund zu sein! Dumm ist nur, dass ich einerseits eigentlich will dass alles so bleibt wie es ist. Andererseits mache ich mir natürlich Gedanken, was ich im Leben noch erreichen bzw. erleben will. Soll ich noch anfangen zu Malen? Oder ein Instrument erlernen? Ich entscheide mich dann meistens das Nachdenken darüber auf Morgen zu verschieben. Und ich lerne tatsächlich eines: erst faulenzen, dann nichts tun und wenn ich die Ruhe nicht mehr ertrage, mache ich ein Bier auf ...

Zumindest eines habe ich dann doch geschafft. Alles mal aufzuschreiben was in meinem Kopf die letzten Jahre so vorging. Als eine Art Tagebuch. Bestimmt habe ich viele Dinge vergessen. Das soll aber nicht heißen dass diese nicht auch für mich bedeutsam waren. Soll ich daraus ein echtes Buch machen? Ich würde es meiner Frau widmen! Habe ich eine wichtige Botschaft, die ich vermitteln will? Wer auch immer das mal liest: bleib gesund! Und: probiere nicht alles aus im Leben! Außer: geh doch mal Laufen. Oder stattdessen: den ganzen Tag nichts – aber auch gar nichts tun (gar nicht so einfach!). Hör auf zu Jammern! Mach dir keine Sorgen über Dinge, die du eh nicht ändern kannst. Leb dein Leben! Ich bin allen meinen Bekannten dankbar, für eure Unterstützung und dass es euch gibt! Danke auch an alle meine Ärzte, Physiotherapeuten und Pfleger, die mich so erfolgreich behandelt haben. Zum Schluss noch ein Kuss für Claudia!

Jahr 11

Wir laufen Marathon in Barcelona. Und Urlaub machen wir dieses Jahr in den USA. Jetzt geht es erst mal zum Radfahren in die Seealpen. Und solange ist erst mal Schluss mit dem Schreiben.

So – bin wieder da und schreibe Weiter. USA war Klasse – und tatsächlich übererfüllen die guten Amerikaner alle Klischees. Mittlerweile glaube ich fest daran, dass wer in diesem Land aufwächst genauso werden muss. Der Geburtsort nimmt quasi Einfluss auf den genetischen Code bzw. mindestens auf die Gehirnzellen.

Jahr 12

Wir laufen Marathon in Freiburg. Und Urlaub machen wir dieses Jahr in Bulgarien. Ich habe dieses Jahr drei Räder verkauft und zum Ausgleich drei neue aufgebaut. Bildschöne Fahrradrahmen die ansonsten in irgendwelchen Kellerlöchern vergammelt wären. Wie ein Schatzsucher, der aus dem Meeresgrund Juwelen zu Tage bringt.

Jahr 13

Entscheide mich das Tagebuch endgültig zu beenden und doch zu veröffentlichen.

Wie soll das Buch heißen? Ich hab da eine Idee: Und wieder mein Lieblingstag: **Ein Freitag!**